Hannah Frey

Clean Eating
Natürlich kochen

Hannah Frey

Clean Eating Natürlich kochen

Bewusst genießen – besser leben

Mit über 80 Rezepten

Dort-Hagenhausen-Verlag

Inhalt

Vorwort

Meine Eltern legten immer großen Wert auf eine gesunde Ernährung und ausreichend Bewegung. Seit ich denken kann, ist Gesundheit DAS Thema, für das ich brenne. Während ich im Rahmen meines Studiums der Gesundheitswissenschaften lernte, die Gesundheit anderer zu fördern, blieb meine eigene Gesundheit auf der Strecke. Plötzlich musste ich alleine kochen und griff dabei oft zu Fertigprodukten. Auch Sport war neben Uni und Job nur noch selten Teil meines Alltags. Die Folgen waren absehbar: Ich wurde zunehmend träger, hatte jeden Mittag ein schreckliches Leistungstief und nahm zu.

Mir wurde schnell klar, dass ich etwas ändern musste. 2011 entdeckte ich das Clean-Eating-Konzept und stellte meine Ernährung fortan um. Mit Clean Eating habe ich einen Weg gefunden, eine gesunde Ernährung in meinen Alltag zu integrieren.

Übersetzen lässt sich „Clean Eating" am besten als „reines Essen". Denn es geht darum, natürliche, möglichst unverarbeitete Lebensmittel zu essen, wie die Natur sie geschaffen hat. Seit ich meine Liebe zum Kochen mit natürlichen, frischen Lebensmitteln entdeckt habe, teile ich meine Rezepte und Gesundheitstipps mit einer stetig wachsenden Community auf meinem Blog „Projekt: Gesund leben" und verschiedenen Social-Media-Plattformen.

In diesem Buch habe ich die Grundsätze des Clean-Eating-Konzepts skizziert und über 80 meiner Lieblingsrezepte aus den vergangenen Jahren zusammengetragen. Damit möchte ich Ihnen zeigen, wie abwechslungsreich, einfach und lecker Clean Eating ist und dass gesundes Essen und Genuss keine Widersprüche sind. Die meisten Rezepte sind Alltagsgerichte und in 30 Minuten zubereitet. Ich selbst ernähre mich seit über zehn Jahren vegetarisch und oft auch vegan. Dies spiegeln auch die Rezepte in diesem Buch wider. Clean Eating schließt Fisch und Fleisch aber nicht aus. Besuchen Sie www.projekt-gesund-leben.de für weitere Rezepte, Ernährungs- und Fitnesstipps und teilen Sie Ihre Fotos und Erfolgsgeschichten online unter #projektgesundleben mit mir.

Ihre Hannah Frey

Natürlich
frisch
einfach
gut

kapitel 1 Das **Clean-Eating-Konzept**

Clean Eating ist für mich der Schlüssel zu mehr Wohlbefinden, Gesundheit und zu einem besseren Körpergefühl. Das Ernährungskonzept ist gesund und ausgewogen, eine moderne Vollwerternährung: Das Ziel ist, von hochverarbeiteten, industriell hergestellten Produkten wegzukommen und wieder möglichst frische, naturbelassene Lebensmittel zu essen. Clean Eating bedeutet daher, zu einer natürlichen Nahrung zurückzukehren, einen bewussten Umgang mit Lebensmitteln zu erlernen und auf unseren Körper zu hören. Mit Clean Eating finden Sie heraus, was Ihr Körper wirklich braucht – und was nicht. Es ist keine neue Erfindung und schon gar keine Diät, sondern bedeutet vielmehr eine langfristige Umstellung der Ernährungsgewohnheiten und des Lebensstils. In diesem Kapitel stelle ich Ihnen das Konzept vor und zeige Ihnen, wie Sie es ganz einfach im Alltag umsetzen können.

Natürlich
frisch
einfach
gut

Was ist **Clean Eating?**

Der Fokus des Clean-Eating-Konzepts liegt darauf, natürliche Lebensmittel zu essen. Denn: Nur eine vollwertige Ernährung kann den vielen schädlichen Umwelteinflüssen und gesundheitlichen Belastungen, denen wir heute ausgesetzt sind, entgegenwirken. Dabei geht es in erster Linie darum, einen gesunden und leistungsfähigen Körper zu bekommen und zu erhalten.

Beim Clean Eating stehen naturbelassene, unverarbeitete Lebensmittel, die reich an lebenswichtigen Nährstoffen sind, im Mittelpunkt. Dazu zählen frisches Gemüse und Obst, vollwertiges Getreide, Nüsse, Samen, Kräuter, Keime, Sprossen und Hülsenfrüchte. Eier, Fleisch und Fisch werden zwar nicht abgelehnt, treten aber in den Hintergrund. Grundsätzlich kann Clean Eating vegetarisch, vegan oder omnivor sein.

Zudem wird auch darauf geachtet, dass die eingekauften Lebensmittel saisonal sind und möglichst regional angebaut wurden. Ein weiterer wichtiger Aspekt ist außerdem, viel selbst zu kochen, denn nur dann wissen Sie, was wirklich in Ihrem Essen ist.

Auf industriell hergestellte Lebensmittel wie Fast Food und Fertiggerichte hingegen wird verzichtet, denn diese enthalten zu viel Fett, Zucker, Salz und Zusatzstoffe. Angelehnt an das englische Wort „clean" sollten die Nahrungsmittel also „rein" bzw. frei von Zusatzstoffen wie Geschmacksverstärkern, Farb- und Konservierungsstoffen sein (siehe dazu ausführlicher: „Warum keine industriell hergestellten Lebensmittel?", Seite 16).

Die **fünf Grundregeln** des **Clean** Eatings

Clean Eating ist unkompliziert und seine Prinzipien sind leicht umzusetzen. Hier meine fünf Grundregeln auf einen Blick:

1. Essen Sie natürliche, möglichst unverarbeitete Lebensmittel.
2. Lesen Sie die Zutatenlisten auf Lebensmittelverpackungen.
3. Frühstücken Sie jeden Tag.
4. Trinken Sie zwei bis drei Liter Wasser oder Tee pro Tag.
5. Essen Sie jeden Tag fünf kleine Mahlzeiten und achten Sie auf die Portionsgrößen.

1. Essen Sie natürliche, möglichst unverarbeitete Lebensmittel

Essen Sie möglichst viele natürliche, unverarbeitete Lebensmittel. Diese sorgen für eine optimale Versorgung mit Vitaminen, Mineralstoffen, Spurenelementen und Ballaststoffen. Gestalten Sie Ihren Speiseplan dabei abwechslungsreich und vielseitig:

- Essen Sie ausreichend Obst und Gemüse, möglichst oft unerhitzt und rohköstlich.
- Bevorzugen Sie Getreideprodukte aus Vollkorn und Hülsenfrüchte als pflanzliche Proteinquelle.
- Verwenden Sie hochwertige, gesunde Fette (kalt gepresste, unraffinierte Öle) wie Olivenöl, Maisöl, Walnussöl sowie Nüsse und Avocados.
- Kochen Sie mit frischen Kräutern und benutzen Sie Salz möglichst sparsam.
- Bevorzugen Sie regionale und saisonale Lebensmittel.
- Meiden Sie Lebensmittel, die nur „leere" Kalorien liefern, wie Weißmehl und raffinierten, weißen Haushaltszucker.
- Anstelle von weißem Zucker greifen Sie lieber zu natürlichen Süßungsmitteln wie Honig, Ahornsirup, Zuckerrübensirup, Reissirup, Rohrohrzucker, Kokosblütenzucker, Obstdicksäfte oder Trockenfrüchte. Diese alternativen Süßungsmittel enthalten immerhin in geringen Mengen Vitamine, Mineralstoffe und Spurenelemente, die in den isolierten Zuckern kaum noch vorhanden sind. Aber auch diese Alternativen sollten sparsam verwendet werden. Das erste Ziel sollte sein, Zucker in allen Erscheinungsformen weitestgehend zu umgehen. Übrigens: Auch hinter Begriffen wie Glukose, Fruktose, Dextrin, Maltodextrin, Galaktose und Maltose versteckt sich Zucker. Künstliche Süßstoffe wie Aspartam oder Saccharin sollten Sie ebenfalls meiden – darin steckt pure Chemie.
- Meiden Sie industriell gefertigte Lebensmittel wie Fast Food und Fertigprodukte, die neben leeren Kalorien auch künstliche Inhaltsstoffe (Geschmacksverstärker, Farb- und Aromastoffe, Konservierungsmittel, künstliche Süßstoffe) enthalten.
- Auch Lebensmittel, die viele tierische Fette enthalten, sollten sparsam konsumiert werden. Oft enthalten sie viele gesättigte Fettsäuren, die sich negativ auf unseren Cholesterinspiegel auswirken können. Dazu zählen beispielsweise Chips, Pommes frites und fettreiche Wurst.

2. Lesen Sie die Zutatenlisten auf Lebensmittelverpackungen

Wenn Sie beginnen, sich nach dem Clean-Eating-Konzept zu ernähren, sollten Sie sich die Zutatenlisten der Lebensmittel beim Einkauf immer kritisch durchlesen. Achten sie darauf, ob Zusatzstoffe, Geschmacksverstärker oder Lebensmittelfarben zugesetzt wurden.
Meiden Sie Inhaltstoffe, die Sie nicht kennen oder die Sie nicht aussprechen können. Je länger die Zutatenliste auf der Verpackung ist, desto intensiver ist das Lebensmittel verarbeitet und von seinem natürlichen Zustand entfernt.

Manche geringfügig industriell verarbeiteten Lebensmittel passen dennoch ins Clean-Eating-Konzept. Beispiele sind Naturjoghurt, Käse, Mandelmilch oder Vollkornnudeln. Aber auch hier ist wichtig, immer das Etikett zu lesen. Wenn die Pasta nur aus Vollkornmehl und Wasser besteht, können Sie sie ohne Bedenken essen – obwohl sie minimal verarbeitet ist. Das gleiche gilt für Natur- und Sojajoghurt oder Käse. Hier gibt es Produkte, die clean sind, aber auch solche, denen Zucker oder Zusatzstoffe zugesetzt wurden. Eine Faustregel lautet, dass ein Produkt mit mehr als fünf Inhaltsstoffen nicht clean ist.

Sie werden schnell feststellen, dass Sie die Zutatenlisten bald nicht mehr lesen müssen, weil Sie wissen, welche Lebensmittel clean sind und welche nicht. Übrigens: Die besten, 100 % cleanen Lebensmittel haben überhaupt kein „Label" – denn sie bestehen aus nur einer einzigen Zutat.
Das folgende Beispiel soll den Unterschied zwischen Industrieprodukten und aus cleanen Zutaten selbst gekochten Gerichten veranschaulichen. Können Sie nur anhand dieser Zutatenliste erraten, um welches Fertigprodukt es sich handelt?

„Tomatenpulver, pflanzliche Fette (teilweise gehärtet), modifizierte Stärke, Molkenpulver, Kochsalz, Zucker, Geschmacksverstärker (E621, E627, E631), Stärke, Milchzucker, Molkeneiweiß, Mehl, Säuerungsmittel (E330), Gewürze, Aromen"

Bei dieser Instant-Tomatensuppe sucht man Vitamine, Mineralstoffe und sekundäre Pflanzenstoffe vergebens. Dass diese Tütensuppe tatsächlich nach Tomaten schmeckt, hat nur wenig mit Tomaten, aber viel mit Chemie zu tun. Nicht ohne Grund sind Suppen in Pulverform quasi ewig haltbar. Warum sollten Sie diese Trockensuppe mit einer Vielzahl an Geschmacksverstärkern

essen, wenn Sie in 20 bis 30 Minuten aus frischen Tomaten, Knoblauch, Zwiebeln, Olivenöl, Pfeffer, Salz und Thymian oder Basilikum selbst eine leckere, gesunde Tomatensuppe machen können?

3. Frühstücken Sie jeden Tag

Über Nacht werden unsere Kohlenhydratspeicher geleert, die wir morgens wieder „auftanken" müssen. Ein gesundes und leckeres Frühstück ist die beste Basis für einen gelungenen Start in den Tag. Der Körper braucht eine ausgewogene Nahrungsgrundlage, um in den nächsten Stunden leistungsfähig sein zu können.
Bei vielen Menschen scheitert das gesunde Frühstück an Zeitmangel. Zu fertigen Müslimischungen zu greifen, ist natürlich eine bequeme Möglichkeit. Diese enthalten aber meist viel Zucker. Schnelle und gesunde Frühstücksalternativen wie Overnight Oats oder einen leckeren Frühstücks-Smoothie finden Sie im Kapitel 2 „Frühstück" ab Seite 38.
Andere hingegen bekommen einfach keinen Bissen runter. Aber hungern sollten Sie morgens auf keinen Fall! Denn Studien belegen, dass hungern am Morgen langfristig zu Übergewicht, Diabetes und Herz-Kreislauf-Erkrankungen führen kann. Wer seine leeren Energiespeicher nicht auffüllt, wird außerdem vor dem Mittagessen von Heißhunger geplagt. Der Griff zu ungesunden Snacks oder zu großen Portionen zum Mittagessen ist dann nah.

Frühstücken Sie in Ruhe und lassen Sie noch ein wenig die Seele baumeln, der Alltagsstress kann noch einige Minuten warten.

4. Trinken Sie zwei bis drei Liter Wasser oder Tee pro Tag

Kämpfen Sie oft mit Kopfschmerzen oder fühlen sich schwach und müde? Oder haben Sie oft Konzentrationsprobleme? Der Grund könnte sein, dass Sie zu wenig trinken. Wer nicht genügend trinkt, wird schneller müde und kann sich schlecht konzentrieren. 2 bis 3 Liter Wasser oder ungesüßter Tee pro Tag sind ideal. Stellen Sie immer ein Glas Wasser oder eine Tasse Tee in

Ihre Nähe – mindestens. Und trinken Sie zu jeder Mahlzeit ein Glas Wasser. Das hilft Ihnen nicht nur dabei, Ihre tägliche Menge an Flüssigkeit zu steigern, sondern macht auch schneller satt. Durst wird außerdem oft als Hunger fehlinterpretiert.
Vor dem Frühstück trinke ich oft ein Glas mit lauwarmem Wasser und frisch gepresstem Zitronensaft. Nach acht Stunden Schlaf braucht unser Körper erst einmal wieder Flüssigkeit. Lauwarmes Wasser ist besonders verträglich, Zitrone bringt den Stoffwechsel in Schwung.
Dass zuckerhaltige Softdrinks, Limonaden, Fruchtsäfte und Energydrinks nicht clean sind, dürfte selbsterklärend sein. Sie enthalten meist viel Zucker oder Süßstoffe.

Auch Alkohol sollte gemieden und nur zu besonderen Anlässen getrunken werden. Er ist Gift für unseren Körper und enthält zudem eine Menge Kalorien. Aber keine Angst: Ab und zu ist ein Glas Bier oder Wein durchaus in Ordnung. Auch Kaffee können Sie trinken, aber in Maßen. Grüne Tees, insbesondere Matcha, enthalten viel mehr Koffein als Kaffee, machen genauso wach und sind noch dazu gesünder.

5. Essen Sie jeden Tag fünf kleine Mahlzeiten und achten Sie auf die Portionsgrößen

Es ist wichtig, dass Sie regelmäßig essen. Ich empfehle Ihnen fünf Mahlzeiten pro Tag. Neben den Hauptmahlzeiten – Frühstück, Mittagessen und Abendessen – stehen zwei kleine Snacks auf Ihrem Speiseplan. Wahrscheinlich essen Sie bereits Kleinigkeiten zwischendurch. Greifen Sie zu gesunden Lebensmitteln, zum Beispiel zu Gemüse, das Sie klein geschnitten mit zur Arbeit nehmen, Nüssen oder Obst. Weitere Vorschläge finden Sie auf Seite 72. Wer häufiger kleine Mahlzeiten isst, vermeidet eine starke Insulinausschüttung nach dem Essen und beugt Heißhunger vor. Doch entscheiden Sie selbst, ob Sie lieber drei- oder fünfmal pro Tag essen.

Ich finde folgende Essenszeiten optimal. Passen Sie die Zeiten Ihrem eigenen Tagesablauf an.
6.00–7.00 Uhr Frühstück
9.00–10.00 Uhr Vormittagssnack
12.00–13.00 Uhr Mittagessen
15.00–16.00 Uhr Nachmittagssnack
18.00–19.00 Uhr Abendessen

Aber nicht nur die Anzahl der Mahlzeiten ist entscheidend, sondern auch die Portionsgrößen. Eine japanische Weisheit besagt: „Wer isst, bis der Magen nur zu 80 % gefüllt ist, braucht keinen Arzt." Das ist richtig, denn bei dieser Menge stellt sich das Sättigungsgefühl ein – allerdings erst 20 Minuten, nachdem man mit dem Essen begonnen hat.
Essen Sie deshalb in Ruhe, kauen Sie gründlich und genießen Sie Ihr Essen.

Warum keine industriell hergestellten Lebensmittel?

Fertigprodukte müssen den Geschmack einer breiten Masse treffen, um möglichst viel Profit zu erzielen. Um dies zu erreichen, kommen Salz, Zucker und Fett in die Produkte – allesamt Geschmacksverstärker.

Ein weiterer Aspekt ist, dass die Lebensmittel, die für Fertigprodukte benutzt werden, oftmals eine minderwertige Qualität haben. Weißmehl, wie es beispielsweise in hellen Nudeln oder Toastbrot vorkommt, Zucker, gehärtete Fette (z. B. in Chips) und raffinierte Öle – sie sind allesamt „leere" Kalorienträger ohne Ballaststoffe, wertvolle Vitamine, Mineralstoffe und Spurenelemente.

Außerdem enthalten Fertigprodukte billige Zutaten. Denn: Je billiger die Zutaten, desto größer der Gewinn. Deshalb sind die Grundstoffe oft mit Pestiziden belastet, denn biologisch erzeugte Zutaten sind zu teuer.

Damit industriell hergestellte Lebensmittel lange haltbar bleiben, werden Ihnen Konservierungsstoffe zugesetzt, hinzu kommen weitere Zusatzstoffe. Oftmals stimulieren diese Stoffe die Bildung von zu viel Dopamin, dem „Glücks-Botenstoff", im Gehirn, sodass Sie ständig Heißhunger verspüren. Der Versuchung, fettige und süße Lebensmittel zu essen, kann man bei Gewöhnung daran nur schwer widerstehen. Die Folgen sind Übergewicht und ernährungsbedingte Krankheiten. Kurz: Bei der industriellen Verarbeitung werden Nährstoffe zerstört, dafür aber ungesunde Zusatzstoffe hinzugefügt. Industriell hergestellte Lebensmittel können darüber hinaus die Verdauung ruinieren und zu Konzentrationsstörungen, Aggressionen, Wut und Stimmungsschwankungen führen.

Die Chemie im Essen hat noch weitere Nebenwirkungen. Zusatzstoffe können Allergien auslösen und Kopfschmerzen, Übelkeit und viele andere gesundheitliche Beschwerden hervorrufen. Oft zeigen sich die Folgen des Verzehrs industriell hergestellter Lebensmittel aber erst nach Jahren.
Weshalb die Lebensmittel, die Sie essen, möglichst natürlich und nicht industriell hergestellt sein sollten, zeige ich Ihnen am Beispiel des beliebtesten Fruchtjoghurts in Deutschland: des Erdbeerjoghurts.

Dies ist die Zutatenliste eines herkömmlichen Erdbeerjoghurts aus dem Supermarkt: *„Joghurt mild, 17 % Erdbeerzubereitung [mit Erdbeeren, Aroma, Farbstoff Echtes Karmin, Verdickungsmittel: Pektin und Guarkernmehl], Zucker, Glukose-Fruktose-Sirup"*.
Beim Lesen der Zutatenliste wird deutlich: Erdbeerjoghurt aus dem Supermarkt enthält Aroma, Farbstoffe, Zucker, Zuckersirup und Verdickungsmittel. Konservierungsstoffe können als Bestandteil der Fruchtzubereitung ebenfalls enthalten sein, müssen aber nicht auf der Zutatenliste genannt werden

Auf der Verpackung animieren Bilder von appetitlichen Erdbeeren zum Kaufen – häufig wird der Verbraucher damit aber getäuscht. Damit sich ein Joghurt überhaupt „Fruchtjoghurt" nennen darf, muss er mindestens 6 % Fruchtanteil haben. Bei einem 150-g-Becher sind das aber gerade einmal 9 g, was in etwa einer halben Erdbeere entspricht. Eine halbe Erdbeere kann weder für den Erdbeergeschmack, noch für die typische rote Farbe des Erdbeerjoghurts sorgen. Die Lebensmittelindustrie greift deshalb zu künstlich hergestellten Aromen, die viel billiger sind als richtige Erdbeeren.

Auch die typisch rote Farbe stammt meist nicht aus natürlichen Erdbeeren, sondern vielmehr aus färbenden Zusätzen, zum Beispiel aus Roter Bete oder Echtem Karmin, wie im Beispiel oben. Der Farbstoff „Echtes Karmin", der die europäische Zulassungsnummer E120 für Lebensmittelzusatzstoffe trägt, kann Allergien auslösen. Der Farbstoff, der den Joghurt so schön rot färbt, wird aus getrockneten weiblichen Schildläusen gewonnen. Solch ein Erdbeerjoghurt ist alles andere als clean.

Mein Erdbeerjoghurt dagegen soll aus genau zwei Zutaten bestehen: aus Erdbeeren und Joghurt. Ich kaufe einfach beide Zutaten und püriere oder mixe sie, fertig ist mein Erdbeerjoghurt.

Das ist Clean Eating!

Die **Pluspunkte** des **Clean** Eatings

Clean Eating passt sich Ihrer Situation an

Clean Eating ist kein starres Ernährungsprogramm, denn das eine Konzept, das zu jedem von uns passt, gibt es nicht. Geschmäcker, kulturelle und ethische Hintergründe und Überzeugungen, aber auch physiologische Aspekte wie Allergien und Lebensmittelunverträglichkeiten führen zu unterschiedlichem Essverhalten. Ernährung ist immer individuell. Jeder baut sich das Ernährungskonzept, das zu ihm passt, es gilt nur, die fünf Grundregeln (siehe Seite 10) zu beachten. Und: Clean Eating ist nicht dogmatisch. Jeder entscheidet selbst, wie streng er sich an die Vorgaben hält.

Abnehmen mit Clean Eating

Clean Eating bedeutet nicht, Kalorien zu zählen oder auf etwas zu verzichten, ganz im Gegenteil: Sie können mehr essen als vorher, haben keinen Hunger, und nehmen gleichzeitig weniger Kalorien zu sich. Clean Eating ist keine Diät, sondern eine Ernährungsform für alle, die gesund bleiben wollen. Ganz nebenbei erreichen Sie damit Ihr Wohlfühlgewicht. Ein wichtiger Bestandteil der Clean-Eating-Philosophie sind aber auch Sport und Bewegung, die Sie regelmäßig in Ihren Alltag einbauen sollten, um Ihr Wohlbefinden zu steigern.

Sich wohlfühlen und ernährungsbedingten Krankheiten vorbeugen

Das beste Mittel, um ernährungsbedingten Krankheiten wie Karies, Verdauungsstörungen, Adipositas, Diabetes Typ 2, Herz-Kreislauf-Erkrankungen, Verdauungsproblemen, Bluthochdruck, Arteriosklerose, Krebs und Nahrungsmittelallergien vorzubeugen und sich so bis ins hohe Lebensalter eine gute Lebensqualität zu sichern, ist eine cleane Ernährung, die alle wichtigen Nährstoffe liefert.
Doch auch schon im Hier und Heute führt diese Ernährung zu mehr Wohlbefinden. Ich selber habe unter anderem folgende positive Wirkungen erfahren:

Mehr Energie: Ich habe im Alltag mehr Energie. Und das Wichtigste: Mittagstiefs, Konzentrationsprobleme, Trägheit und Antriebslosigkeit sind passé.
Gewichtsverlust: Mit Clean Eating und Sport habe ich einige Kilo verloren, mein Wohlfühlgewicht erreicht und ein neues, besseres Körpergefühl gewonnen.
Gestärktes Immunsystem: Ich bin weniger anfällig für Krankheiten und Erkältungen. Auch Kopfschmerzen gehören der Vergangenheit an.
Natürliches Hungergefühl: Ich habe wieder ein Gefühl dafür bekommen, wann ich wirklich hungrig bin – und wann ich vielleicht Appetit habe, die Gründe aber ganz andere sind.
Neues Geschmacksempfinden: Durch das Weglassen von Fast Food, Zucker und zu viel Salz werden die Geschmacksnerven plötzlich wieder sensibler. Sie werden mit neuen Geschmackserlebnissen belohnt!
Bessere Schlafqualität: Ich komme morgens besser aus dem Bett, mein Schlaf ist tiefer und erholsamer geworden. Meine ständige Müdigkeit ist durch die cleane Ernährung verschwunden.
Haut, Haare und Nägel: Mein Hautbild hat sich verbessert, die gesteigerte Flüssigkeitsaufnahme sorgt dafür, dass meine Haut weniger trocken ist. Auch meine Haare und Nägel wurden durch die Ernährungsumstellung fester.
Bessere Verdauung: Auch die Verdauung verbessert sich durch eine cleane Ernährung, ausreichend Flüssigkeit, Sport und Bewegung.

Das **Clean**-Eating-**Konzept** im **Alltag** umsetzen

Mit der Umstellung starten

Den Kühlschrank und die Vorratsschränke ausmisten

Schaffen Sie eine Umgebung, in der es Ihnen leicht fällt, sich clean zu ernähren und die Ihr Ziel unterstützt. Der erste Schritt ist das Ausmisten Ihres Kühlschranks und der Vorratsschränke. Lesen Sie die Zutatenlisten aller Lebensmittel, die Sie im Haus haben, kritisch durch. Checken Sie, ob Zusatzstoffe, Geschmacksverstärker oder Lebensmittelfarben zugesetzt wurden. Alle Lebensmittel, die nicht clean sind, werden aussortiert. Verschenken Sie sie an Freunde, Arbeitskollegen oder Nachbarn.

Schritt für Schritt oder radikal?

Ob Sie Ihre Ernährung Schritt für Schritt oder ganz radikal von heute auf morgen umstellen, entscheiden Sie selbst. Abhängig davon, wie Sie sich vorher ernährt haben, kann eine Eingewöhnungszeit notwendig sein. Die Umstellung sollte lieber langsam, aber dafür langfristig geschehen. Und auch, wie clean Sie sich ernähren möchten, entscheiden Sie selbst. Sie können sich ab und zu auch bewusste Ausnahmen davon erlauben. Wichtig ist, dass der überwiegende Teil der Nahrung gesund ist und dafür sorgt, dass Sie sich fit fühlen.

Planung, Einkauf und Vorbereitung

Beim Einkaufen gilt: Gut geplant ist meist schon gewonnen. Wer sich vorher überlegt, was er essen und kochen möchte, kauft gesünder und gezielter ein und sorgt für mehr Abwechslung. Laut einer Studie wissen beispielsweise 75 % der US-Amerikaner nachmittags noch nicht, was sie abends essen. Da liegt die Wahrscheinlichkeit nahe, dass es nichts Gesundes wird, sondern eine Pizza vom Lieferdienst, eine Dosensuppe oder Ähnliches.
Ich werde oft gefragt, wie ich es schaffe, mich neben stressigem Job, Familie, Freunden und Haushalt clean zu ernähren und der Versuchung, Essen zu bestellen oder Fertiggerichte zu kaufen, zu widerstehen. Planung und Vorbereitung sind meine Schlüssel zum Erfolg. So stehe ich nicht in der Mittagspause vor der Frage, was ich esse, denn ich habe mein Essen bereits vorbereitet und es mit ins Büro genommen. Wie oft höre ich Ausreden wie: „Ich habe keine Zeit, um mich gesund zu ernähren." Das ist Blödsinn – Sie können sich auch gesund ernähren, wenn Sie wenig Zeit haben. Sie müssen nur Ihre Prioritäten richtig setzen. Vielleicht geht es Ihnen genauso wie mir: Abends nach der Arbeit bin ich erschöpft und habe keine Lust, noch viel Zeit in Kochen zu investieren. Daher achte ich darauf, dass eine Hauptmahlzeit höchstens 30 Minuten in Anspruch nimmt. Die Vorbereitung von Frühstück, Snacks und Mittagessen dauert bei mir ebenfalls etwa 30 Minuten.
Sie werden jetzt vielleicht sagen: „Eine Stunde am Tag? Das schaffe ich niemals!". Aber auch mit noch weniger Zeit können Sie sich clean ernähren. Wie Sie Ihre Clean Eating-Woche planen, worauf Sie beim Einkauf achten sollten und wie Sie Ihr Essen vorbereiten, zeige ich Ihnen im Folgenden.

Die Wochenplanung

Planen Sie Ihren Einkauf! Denn wer ohne Einkaufszettel loszieht, lässt sich leicht vom Angebot im Supermarkt verlocken und kauft am Ende auch viel Ungesundes ein.
Ich erstelle jedes Wochenende zwei Listen: einen Wochenplan, auf den ich die geplanten Mahlzeiten schreibe, die ich von Samstag bis Freitag kochen werde, und eine Einkaufsliste. Der Essensplan für die aktuelle Woche wird gut sichtbar in die Küche gehängt. Die Einkaufsliste hängt ebenfalls in meiner Küche. Wenn mir Grundlebensmittel ausgehen, schreibe ich sie immer sofort auf. Samstags ergänze ich dann noch die Lebensmittel, die ich für die geplanten Mahlzeiten zusätzlich brauche und nicht vorrätig habe. Wenn es für Sie einfacher ist, können Sie natürlich auch

nur für eine halbe Woche planen und kaufen dann zwei Mal pro Woche ein.
Denken Sie bei der Planung nicht nur an die Hauptmahlzeiten, sondern auch an die Snacks, die Sie zum Beispiel mit zur Arbeit nehmen. Wichtig ist auch, den Speiseplan abwechslungsreich zu gestalten. Einseitigkeit führt auf die Dauer zu Mangelerscheinungen und verdirbt den Spaß am Essen.
Da ich schon routiniert bin, brauche ich samstags etwa eine Stunde, um mein Essen zu planen und einzukaufen. Nutzen Sie am Anfang einfach die Rezepte aus diesem Buch für Ihre Wochenplanung.

Der Einkauf

Meine vier wichtigsten Regeln für entspanntes Einkaufen gesunder Lebensmittel:

- Gehen Sie nie hungrig einkaufen. Wer mit leerem Magen einkauft, hat am Ende vor allem süße und fetthaltige Lebensmittel im Einkaufswagen und kauft viel mehr ein, als er eigentlich vorhatte. Vorher lieber einen kleinen Snack essen oder den Einkauf verschieben.
- Kaufen Sie nie ohne Einkaufsliste ein. Der Zettel hilft Ihnen dabei, nur das einzukaufen, was Sie wirklich brauchen, und sich an Ihren Clean-Eating-Plan zu halten.
- Lesen Sie beim Einkaufen immer die Zutatenliste und entscheiden Sie, ob die Lebensmittel clean sind oder nicht.
- Nehmen Sie sich Zeit zum Einkaufen. Wer in Hetze in der Mittagspause den Wocheneinkauf erledigt, greift oft zum Erstbesten – und das ist dann oft teurer und ungesünder.

Bio oder konventionell?

Grundsätzlich gilt: je hochwertiger die Lebensmittel sind, desto besser wird auch das aus ihnen zubereitete Gericht. Beim Clean Eating sollten sie möglichst aus biologischen Anbau stammen, sodass der Gehalt an Schadstoffen und Rückständen so gering wie möglich ist. Bio-Lebensmittel sind in der Regel teurer als solche aus konventionellem Anbau. Ich sehe hochwertige Lebensmittel aber als eine sinnvolle Investition in meine eigene Gesundheit an.

Vorbereitung

Wenn Sie nicht jeden Tag kochen wollen oder können, sind vorbereiten oder vorkochen eine Alternative. Zum Beispiel bereite ich manchmal nur einen Kürbis vor, den ich dann einfriere, damit ich nicht mehr allzu viel Arbeit habe, wenn ich ihn zu einer Kürbissuppe verarbeiten möchte. Eine weitere Möglichkeit ist natürlich, die Kürbissuppe gleich zu kochen und einzufrieren. Gemüse oder Salat kann schon geputzt, geschnitten und im Kühlschrank für den nächsten Tag aufbewahrt werden. Wer möchte, kann sogar alle Lebensmittel für die kommende Woche an zwei oder sogar nur einem Tag vorbereiten. Neben der Gefriertruhe sind Frischhaltedosen, in denen ich Lebensmittel aufbewahre, meine besten Helfer.

Cleane Lebensmittel

In diesem Kapitel gebe ich Ihnen einen Überblick über die für eine cleane Ernährung wesentlichen Lebensmittel.

Obst und Gemüse

Sie spielen beim Clean Eating eine besonders wichtige Rolle. Frisch geerntet enthalten sie besonders viele Vitamine, Mineralstoffe und Ballaststoffe. Obst und Gemüse können roh verzehrt werden, wodurch die Inhaltsstoffe fast vollständig erhalten bleiben. Kaufen Sie bevorzugt regionale Produkte: Je kürzer die Transportwege sind, desto frischer landen Obst und Gemüse auf Ihrem Teller. Kaufen Sie außerdem in erster Linie saisonale Lebensmittel. Sie sind nicht nur am frischesten, sondern auch am preiswertesten. Ich habe immer verschiedene saisonale Sorten zu Hause.
Sind Trockenobst, Tiefkühlware oder Konserven eine gute Alternative zu frischen Lebensmitteln?

Trockenobst

Trocknen beziehungsweise Dörren ist eine der ältesten Konservierungsmethoden. Dabei wird leider der Vitamin C-Gehalt der Früchte stark vermindert, denn das Vitamin ist hitzeempfindlich und wasserlöslich. Trockenobst wird zudem oft geschwefelt, wodurch Vitamin B_1 zerstört wird, daher sollten sie ungeschwefelte Produkte bevorzugen. Obwohl Trockenobst also weniger Vitami-

Clean-Eating-Lebensmittel-pyramide

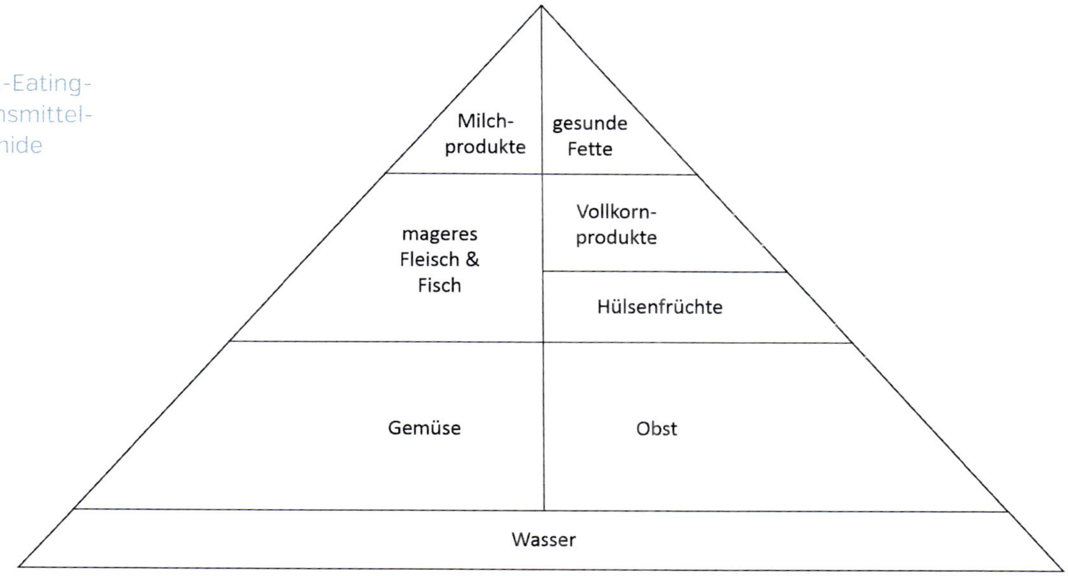

ne als die frische Variante enthält, liefert es immer noch viele gesunde Nährstoffe. Sein hoher Ballaststoffgehalt ist besonders wertvoll für den Verdauungstrakt. Wollen Sie auf Nummer sicher gehen, können Sie Ihr Obst auch selbst im Backofen oder einem Dörrgerät trocknen. Wenn die Temperatur dabei unter 42 °C liegt, hat es sogar noch Rohkostqualität. Trockenfrüchte schmecken süß und intensiv und sind somit nicht nur leckere, sondern auch gesunde Snacks.

Tiefgekühltes Obst und Gemüse

Tiefgefrorenes Obst und Gemüse wird erntefrisch verarbeitet, wodurch der Vitamingehalt höher sein kann als bei frischer, aber lange gelagerter Ware. Tiefkühlen ist eine der schonendsten Konservierungsmethoden, denn die Vitamine werden durch die Kälte nicht zerstört. Obst und Gemüse werden meist ohne Zusatzstoffe tiefgekühlt. Dennoch sollte auch hier der Blick auf die Zutatenliste wandern, um das sicherzustellen.

Obst- und Gemüsekonserven

Auch bei Konserven wird das jeweilige Obst oder Gemüse direkt nach der Ernte verarbeitet. Aber auch hier wird durch die Hitzebehandlung ein Teil der Vitamine zerstört. Außerdem werden häufig Salz und Zucker zugesetzt. Der Verzehr von Obst- und Gemüsekonserven sollte daher weitestgehend eingeschränkt werden. Tolle Clean-Eating-Optionen sind konservierte Tomaten und Hülsenfrüchte (Kidneybohnen, Linsen, weiße Bohnen, Kichererbsen, ...).

Getreide

Neben Obst und Gemüse ist Vollkorngetreide ein essentieller Bestandteil des Clean-Eating-Konzeptes. Das volle Getreidekorn enthält in seinen Randschichten Ballaststoffe und Mineralstoffe, der Getreidekeimling ist reich an Vitaminen, Mineralstoffen und hochwertigem Eiweiß. Der Mehlkörper besteht aus Stärke und Eiweiß. Im Gegensatz zum Vollkornmehl wird beim Auszugsmehl zugunsten der längeren Lagerfähigkeit lediglich der Mehlkörper gemahlen, Randschichten und Keimling werden als Abfall ausgesiebt. Daher sollte immer zu den Vollkornvarianten der Getreide gegriffen werden. Diese sättigen außerdem viel schneller. Unser moderner Weizen hat sich von den Urkörnern, die bereits seit über 10 000 Jahren kultiviert werden, weit entfernt. Neuerdings erleben alte Getreidesorten wie Dinkel, Emmer und Kamut ein Revival. Zu den Getreiden zählen:
Weizen ist das bei uns am häufigsten verwendete Getreide.
Roggen ist reich an B-Vitaminen und Mineralstoffen.
Dinkel ist eng mit Weizen verwandt. Die ganzen Dinkelkörner eignen sich beispielsweise als Reis-Ersatz im Risotto.

Kamut ist eine Kulturform des Hartweizens, ein sogenanntes Urgetreide, das auch als Mehl und Flocken erhältlich ist. Kamut-Vollkornmehl ist heller als andere Vollkornmehle, weshalb ich es gerne zum Backen verwende. Kamut enthält außerdem bis zu 40 % mehr Proteine als andere Weizensorten und auch der Anteil an ungesättigten Fettsäuren, Aminosäuren, Vitaminen und Mineralstoffen ist höher als bei anderen Weizensorten.
Emmer gilt als Vorfahre des Hartweizens und ist wie Kamut ein Urgetreide. Er ist ebenfalls sehr nährstoffreich, hat beispielsweise einen sehr hohen Mineralstoff- und Eisengehalt und ist wesentlich proteinreicher als Weizen. Außerdem enthält er viel Magnesium und Zink.
Gerste ist neben dem Weizen die älteste Getreideart. Ihr Mehlkörper ist besonders reich an den Mineralstoffen Kalium, Kalzium, Phosphor und Kieselsäure.
Hafer ist reich an Vitaminen, Mineralstoffen, hochwertigen Proteinen und hat einen relativ hohen Anteil an hochwertigen Fettsäuren.
Hirse enthält viele Mineralstoffe wie Magnesium, Eisen, Fluor und Kieselsäure. Auch Hirse eignet sich gut für Risotto. Gekochte Hirse kann als Frühstück verwendet werden. Hirseflocken können ins Müsli oder in Overnight Oats gegeben werden.
Reis ist eines der ältesten Nahrungsmittel, die wir kennen. Vollkornreis, Naturreis, brauner, roter und schwarzer Reis sind dem geschliffenen und geschälten weißen Reis vorzuziehen, denn dieser hat den größten Teil seiner Nährstoffe verloren. Vollkornreis wird, genau wie weißer Reis, auch „parboiled" angeboten. Durch das Vorgaren sinkt die Garzeit auf 10 bis 15 Minuten.
Mais lässt sich frisch gut kochen oder braten. Getrocknet wird er grob zu Grieß oder fein zu Mehl vermahlen. Maismehl hat keine guten Backeigenschaften und wird vorwiegend für Polenta eingesetzt.

Nicht nur die ganzen Körner können verzehrt werden, sondern auch zahlreiche daraus hergestellte Produkte wie Schrot, Grütze, Graupen, Grieß, Flocken, Vollkornmehl, Vollkornpasta, Vollkornmehl oder verschiedenste Getreideflocken.

Oft werde ich gefragt, ob Couscous, Bulgur oder Graupen clean sind. Couscous wird wie Nudeln aus Hartweizengrieß – also grob gemahlenem Mehl – hergestellt. Couscous ist also keine eigene Getreidesorte, was oftmals fälschlicherweise angenommen wird. Bei uns ist Instant-Couscous verbreitet, eine vorgegarte, getrocknete Variante, die nicht clean ist. Couscous gibt es jedoch auch in der Vollkorn-Variante. Diese wiederum kann im Rahmen des Clean Eating eingesetzt werden. Auch Bulgur wird aus Hartweizengrieß hergestellt und ist ebenfalls nicht clean. Dabei handelt es sich um gegarte, geschälte, getrocknete und grob geschrotete Weizenkörner. Auch Graupen sind nicht clean. Graupen

sind geschälte und polierte Gersten- oder Weizenkörner. Durch das Schälen werden, genau wie beim Bulgur und Couscous, die Randschichten des Korns und der Keimling entfernt.
Pseudogetreide wie Quinoa, Amaranth und Buchweizen zählen botanisch gesehen nicht zu den Getreiden, sondern zu anderen Pflanzenfamilien. Aufgrund ähnlicher Inhaltsstoffe und Verarbeitungsmöglichkeiten werden sie jedoch den Getreiden zugeordnet. Nähere Informationen dazu finden Sie im Special „Pseudogetreide“ (Seite 102).

Hülsenfrüchte

Auch Hülsenfrüchte wie Bohnen, Erbsen und Linsen sind ein wichtiger Bestandteil der Clean-Eating-Ernährung, denn sie sind die eiweißreichsten pflanzlichen Lebensmittel. Sie enthalten unter anderem viele Mineralstoffe, Vitamine und verdauungsfördernde Ballaststoffe. Daher sind sie sehr sättigend. Ein Nachteil ist die lange Einweich- und Kochzeit, die eine gute Planung erfordern. Hülsenfrüchte müssen mindestens sieben bis acht, besser sogar zwölf Stunden eingeweicht werden. Nur Linsen müssen im Gegensatz zu den anderen Hülsenfrüchten nur kurz kochen.
Sojabohnen nehmen aufgrund ihres hohen Gehalts an Eiweiß und Fett eine Sonderstellung ein. Sie sind aber auch die Ausgangsbasis vieler industriell hergestellter Produkte. Insbesondere Tofu, Sojawurst und -geschnetzeltes sind teilweise stark industriell verarbeitete Produkte und sollten daher nach Möglichkeit gemieden werden. Im Zweifel hilft auch hier der Blick auf die Zutatenliste bei der Entscheidung.

Milch, Milchprodukte und Milchalternativen

Ob beziehungsweise welche Milchprodukte beim Clean Eating verwendet werden, ist eine sehr subjektive Frage und Auslegungssache. So greifen manche Menschen nur zu Rohmilch, weil diese ohne Weiterverarbeitung direkt vom Euter ins Glas gelangt. Sie darf nur direkt ab Hof verkauft werden. Vorzugsmilch ist Rohmilch, die ständig hygienischen Kontrollen unterzogen wird und auch über den Handel vertrieben wird. Im Supermarkt ist sie aber eher selten zu finden. Dort gibt es in der Regel nur pasteurisierte Milch, die genau genommen nicht clean ist, da sie industriell weiterverarbeitet wurde. Genauso sieht es mit pflanzlichen Milchalternativen wie Mandelmilch, Sojamilch oder Haselnussmilch aus, wenn sie nicht selbst hergestellt wurden.

Im strengen Sinne sind also nur Rohmilch und selbst hergestellte Nussmilch clean. Hier stellt sich nun aber die Frage, wie eng man das Clean-Eating-Konzept für sich selbst auslegt. Entscheidet man sich für eine verarbeitete Milch, ist Bio-Vollmilch die beste Wahl. Auf Milch und Milchprodukte mit reduziertem Fettgehalt sollte verzichtet werden. Wer vegan lebt, eine Laktoseintoleranz hat oder aus anderen Gründen auf Kuhmilch verzichtet, greift zu Milchalternativen wie Mandelmilch, Reismilch, Haselnussmilch oder Sojamilch.

Auch bei Käse sollte auf einen natürlichen Fettgehalt geachtet und fettreduzierter Käse daher vermieden werden. Deshalb ist es wichtig, auch hier immer die Zutatenliste zu lesen. Dies gilt auch für Naturjoghurt oder Joghurt aus Milchalternativen wie Sojajoghurt, denn oft werden Zucker und Aroma, Farb- und Konservierungsstoffe sowie Verdickungsmittel zugefügt.

Fisch, Fleisch und Eier

Fisch, Fleisch und Eier spielen beim Clean Eating nur eine Nebenrolle und sollten nur gelegentlich (nicht öfter als einmal pro Woche) verzehrt werden. Die Verwendung wird nicht ausdrücklich empfohlen, aber auch nicht abgelehnt. Ich selbst ernähre mich vegetarisch und esse keinen Fisch und kein Fleisch. Aber auch hier muss wieder jeder selbst entscheiden. Bei tierischen Lebensmitteln sollte insbesondere auf Bio-Qualität geachtet werden.

Nüsse, Kerne und Samen

Nüsse, Kerne und Samen bestehen zu 35 bis 50 % aus Fett, bei denen es sich zum größten Teil um mehrfach ungesättigte Fettsäuren handelt. Diese sind besonders gesund, können nachweislich den Cholesterinspiegel im Blut senken, den Blutzuckerspiegel stabilisieren und Herz-Kreislauf-Erkrankungen vorbeugen. Außerdem sind sie reich an Ballaststoffen, Vitaminen und Spurenelementen.
Nüsse, Körner und Samen sind eine hervorragende geschmackliche Bereicherung von Müslis, Salaten, Brot, Kuchen oder Gebäck. Nussmuse werden beispielsweise als Brotaufstriche, zur Herstellung von Soßen oder als Rohkost-Dip verwendet

Nutzen Sie die große Vielfalt. Folgende Nüsse, Kerne und Samen landen häufig in meinem Einkaufskorb:

Nüsse	Kerne	Samen
Walnüsse	Mandeln	Chia-Samen
Haselnüsse	Sonnenblumenkerne	Leinsamen
Macadamianüsse	Kürbiskerne	Flohsamen
Pekannüsse	Pinienkerne	Mohnsamen
Paranüsse	Pistazien	Sesamsamen

Kräuter und Gewürze

Wenn Sie Speisen bisher nur mit Pfeffer und Salz gewürzt haben, ist es an der Zeit, weitere Kräuter und Gewürze auszuprobieren. Salz wird bei uns in zu großen Mengen verzehrt – ein Zehntel der Menge, die der Durchschnittsbürger zu sich nimmt, würde ausreichen. An einen weniger salzigen Geschmack kann man sich gewöhnen. Fad muss das Essen deshalb nicht schmecken: Greifen Sie besser zu frischen Kräutern und getrockneten Gewürzen, die jedem Gericht eine individuelle Note verleihen.
Außerdem sind Kräuter sehr gesund: Neben vielen Vitaminen und Mineralstoffen enthalten sie besonders viele sekundäre Pflanzenstoffe. Damit die wertvollen Inhaltsstoffe nicht verloren gehen, sollten sie so frisch wie möglich verwendet werden. Ideal ist, die Kräuter selbst anzubauen: im Garten, auf dem Balkon oder im Kräutertopf in der Küche.

Kräuter und Gewürze wie Basilikum, Dill, Majoran, Rosmarin, Oregano, Salbei, Thymian, Schnittlauch, Petersilie, Minze, Kümmel, Ingwer, Muskat und Chili helfen außerdem dabei, den Salzverbrauch zu reduzieren.

Keime und Sprossen

Auch Sprossen können schnell selbst gezogen werden. Das ganze Jahr über hat man so eine einfache Möglichkeit, an wertvolle Nährstoffe zu gelangen. Sprossen sind wahre Nährstoffbomben und Clean Eating pur: Sie enthalten viele Vitamine, Proteine, Ballaststoffe und gesundheitsfördernde sekundäre Pflanzenstoffe und sind wahre Superfoods. Klassiker neben der bekannten Kresse sind Mungobohnensprossen, Radieschensprossen oder Brokkolisprossen. Grundsätzlich eignen sich jedoch alle Getreidekörner, Hülsenfrüchte, Alfalfa, schwarzer und weißer Senf, Fenchel, Sonnenblumen- und Kürbiskerne sowie Rettichsamen zum Ziehen.
Eine Anleitung zur Aufzucht der Sprossen finden Sie auf der Packung oder als Beigabe zu Ihrem Sprossenglas oder Keimgerät. Wichtig ist, dass die Sprossen zum optimalen Zeitpunkt geerntet werden, denn danach verbraucht der Keim seine wertvollen Inhaltsstoffe, um weiter wachsen zu können.

Fette

Fette haben für den menschlichen Körper zwei wichtige Funktionen: Zum einen liefern sie Energie und zum anderen sind sie Träger der fettlöslichen Vitamine.

Es gibt pflanzliche und tierische Fette. Zu den pflanzlichen Fetten zählen Pflanzenöle wie Olivenöl, Kokosöl, Walnussöl, Erdnussöl, Kürbiskernöl, Sesamöl, Rapsöl und Leinöl. Besonders viele pflanzliche Fette sind außerdem in Avocados und Nüssen enthalten. Die mehrfach ungesättigten Fettsäuren der Pflanzen und der aus ihnen gewonnenen Öle sind besonders gesund. Sie erhöhen das gute HDL-Cholesterin im Blut und senken das schlechte LDL-Cholesterin. Dadurch wird Ablagerungen in den Blutgefäßen vorgebeugt und das Risiko für Herz-Kreislauf-Erkrankungen wird gesenkt.

Bei den Pflanzenölen wird zwischen kalt gepressten und raffinierten Ölen unterschieden. Kalt gepresste Öle, die auch native Öle genannt werden, werden schonend und ohne Zufuhr von Wärme nur durch mechanische Auspressung gewonnen. Dabei gehen die Nährstoffe sowie die Geschmacksstoffe nicht verloren. Aus diesem Grund sollten diese Öle beim Zubereiten von Speisen nicht hoch erhitzt werden. Kalt gepresste Öle werden beispielsweise für Salatdressings verwendet.
Raffinierte Öle hingegen werden unter Wärmezufuhr gepresst. Bei dieser Raffination gehen Vitamine, sekundäre Pflanzenstoffe, Geschmack und Farbe verloren. Genau genommen gelten raffinierte Öle daher nicht als clean. Der Vorteil der Raffination ist jedoch, dass die Öle hoch erhitzt, also zum Braten verwendet werden können.
Ich habe immer kalt gepresstes Olivenöl vorrätig, da dieses aufgrund seiner hohen Hitzebeständigkeit auch bis 180 °C erhitzt werden kann. Auch ausgefallenere Öle wie Erdnuss- oder Walnussöl verwende ich gerne. Raffinierte Öle verwende ich nur sparsam.
Margarine zählt ebenfalls zu den pflanzlichen Fetten. Es handelt sich dabei um ein stark verarbeitetes, industriell hergestelltes Produkt, weshalb beim Clean Eating Butter der Margarine vorgezogen wird. Wer jedoch tierische Produkte vermeidet, greift zur pflanzlichen Alternative. Die Frage, ob Butter oder Margarine gesünder ist, artet nicht selten in einen Glaubenskrieg aus. Beide Streichfette haben ihre Vor- und Nachteile und so ist die Entscheidung letzten Endes eine Frage des persönlichen Geschmacks und ethischer Überzeugungen. Egal, ob Sie sich für tierische Butter oder pflanzliche Margarine entscheiden – verwenden Sie beide sparsam und achten Sie auf die Inhaltstoffe.

Tierische Fette hingegen sind neben Butter auch in Fleisch, Wurst, Milch, Eiern und Käse zu finden. Sie bestehen primär aus gesättigten Fettsäuren, die als ungesünder gelten. Auch das ist ein Grund, diese Lebensmittel nicht zu häufig zu verzehren.

Clean Eating unterwegs

Clean Eating ist ohne Frage zu Hause einfacher umzusetzen, wo wir den Luxus haben, unsere eigenen Mahlzeiten zuzubereiten. Wenn Sie sicher gehen wollen, dass Ihre Mahlzeiten clean sind, nehmen Sie Ihr Essen von zu Hause mit. Ich koche abends oft etwas mehr und nehme es dann am nächsten Tag mit.

Im Büro

Kekse auf dem Konferenztisch, der Geburtstagskuchen in der Küche und der Süßigkeitenautomat im Flur: Im Büro lauern viele Clean-Eating-Sünden. Heben Sie sich den bewussten Genuss eines Stücks Kuchen lieber für den Geburtstag eines lieben Menschen auf, statt im Büro das Supermarkt-Gebäck zu verschlingen. Lehnen Sie höflich, aber bestimmt ab und bringen Sie sich stattdessen gesunde Snacks (siehe Special Seite 72) gegen den Hunger zwischendurch mit. Und wenn Sie sich doch für ein Stück Kuchen mit den Kollegen oder die Kekse entschieden haben, essen Sie langsam und genießen Sie jeden Bissen bewusst.

Im Restaurant

Familientreffen, Einladungen und Geschäftsessen – gemeinsam essen ist ein wichtiger Teil unserer Kultur. Während es für mich früher etwas Besonderes war, im Restaurant zu essen, gehört es heute einfach dazu. Deshalb ist es umso wichtiger, das Restaurant gut auszuwählen und besonders darauf zu achten, was wir bestellen. Denn die große Auswahl an leckeren Speisen verführt zu kleinen Sünden, die man zu Hause vielleicht nicht begangen hätte.

Im Restaurant gibt es oftmals Fertigsoßen, Fertigdressings und andere industriell hergestellte Lebensmittel. Ganz blauäugig ging ich am Anfang meiner Clean-Eating-Reise noch davon aus, dass im Restaurant alles frisch zubereitet wird. Bis mir eine Freundin beim gemeinsamen Brunch erzählte, dass für mein Rührei nicht etwa frische Eier, sondern vielmehr Eipulver oder eine Flüssigeizubereitung aus dem Tetrapack verwendet wurde. Dass in der Gastronomie häufig Fertigprodukte eingesetzt werden, war mir damals neu. Frisch gekocht wird selten – denn schließlich wollen wir unser Essen schnell auf dem Tisch stehen haben und nicht lange warten.

So können Sie auch im Restaurant clean essen:

- Lassen Sie den Kellner den Brotkorb gar nicht erst an den Tisch bringen. Gerade wenn Sie hungrig sind, ist der Griff hinein sehr verführerisch. Meist wird Weißbrot mit fettreichen Soßen serviert, was alles andere als clean ist.
- Essen Sie als Vorspeise lieber einen Salat mit Essig und Öl oder einem Dressing auf Joghurtbasis. American oder French Dressing, Käse, Speck und Croûtons machen den Salat dagegen schnell zu einer nicht-cleanen Kalorienbombe.
- Meiden Sie ungesunde Soßen und Dressings. Fett, Zucker, Salz und Geschmacksverstärker sorgen dafür, dass diese gut schmecken. Bitten Sie grundsätzlich darum, dass Soßen und Dressings separat serviert werden. Dann können Sie erst probieren und dann selbst entscheiden, ob Sie davon essen möchten und wenn ja, wie viel.
- Wenn Sie sich für Pasta, Reis oder Backwaren entscheiden, fragen Sie nach der Vollkornvariante.
- Meiden Sie Alkohol. Alkohol erhöht den Appetit und hat zudem selbst viele Kalorien.
- Informieren Sie sich vor dem Besuch im Restaurant auf der Internetseite, welche Speisen im Angebot sind. So können Sie in Ruhe nachschauen, welches Gericht am besten in Ihren Clean-Eating-Plan passt.
- Alternativ können Sie auch die Bedienung fragen, wie das Essen zubereitet wird oder was enthalten ist.
- Als Dessert bekommen Sie auf Nachfrage in vielen Restaurants auch einen leckeren Obstsalat.

Auf Partys und bei Einladungen

Ob Grillen, Party oder Hochzeit: Gerade im Frühling und im Sommer häufen sich die Feste. Bei vielen Gelegenheiten können Sie dem Gastgeber anbieten, ihm unter die Arme zu greifen und ein Gericht mitzubringen. Das kann zum Beispiel sein: Sushi, Gemüsesticks, Vollkorn-Pizza-Ecken, Gemüsedips, Hummus, Joghurt-Käse-Dip und Vollkorncracker. Sie finden im Kapitel 3 „Vorspeisen“ (ab Seite 68) Rezepte für partytaugliche Gerichte zum Mitnehmen.

Mit diesen Tipps fällt es Ihnen leichter, sich auf Partys clean zu ernähren:

- Essen Sie schon vor der Party eine Kleinigkeit, dann ist die Wahrscheinlichkeit geringer, dass Sie in Versuchung kommen, etwas Ungesundes zu essen.
- Lassen Sie Chips links liegen.
- Wenn möglich, nehmen Sie sich einen kleinen Teller. Und nehmen Sie nur kleine Portionen von den Dingen, die Sie probieren wollen.
- Trinken Sie viel Wasser. Das füllt den Magen und sorgt dafür, dass Sie weniger Hunger haben. Trinken Sie so wenig Alkohol wie möglich.

Wenn es einen „Ausreißer“ gab, machen Sie am nächsten Tag einfach ganz normal mit Ihrem Clean-Eating-Programm weiter. Verzeihen Sie sich diesen „Ausrutscher“ und denken Sie wieder daran, weshalb Sie Ihre Clean-Eating-Reise begonnen haben!

kapitel 2
Frühstück

Das Frühstück ist die wichtigste Mahlzeit des Tages – lassen Sie es auf keinen Fall aus, um Kalorien zu sparen. Kombinieren Sie komplexe Kohlenhydrate aus Vollkorngetreide, Früchten oder Gemüse mit eiweißreichen Lebensmitteln wie (Soja-)Milch und Joghurt. Damit Sie bestmöglich in den Tag starten können, habe ich abwechslungsreiche und gesunde Frühstücksrezepte für Sie zusammengestellt. Selbst gemachte Müslimischungen und Porridge bringen Abwechslung auf den Tisch, denn irgendwann wird auch das tollste Lieblingsmüsli langweilig. Wenn Sie morgens in Eile sind, greifen Sie zu Overnight Oats oder Smoothies. Haben Sie etwas Zeit, bereiten Sie einen Porridge zu. Und für ein gemütliches Frühstück am Wochenende backen Sie doch einfach Ihre Brötchen selbst. Alle Rezepte enthalten viele Ballaststoffe, die sättigen und die Verdauung anregen.

Natürlich
frisch
einfach
gut

Overnight Oats mit Berberitzen, **Erdbeeren,** Pistazien

Für 2 Portionen

200 g Erdbeeren
80 g Dinkelflocken
240 ml Sojamilch
2 EL getrocknete Berberitzen
2 EL Pistazien

■ Am Vorabend die Erdbeeren waschen, den Stielansatz mit einem Messer entfernen und die Erdbeeren halbieren. Die Dinkelflocken mit der Sojamilch vermengen und die Erdbeeren unterheben. Dann die Berberitzen hinzugeben und alles in ein Einmachglas oder eine Vorratsdose geben. Das Gefäß verschließen und über Nacht in den Kühlschrank stellen.

■ Am nächsten Morgen die Overnight Oats auf 2 Müslischälchen verteilen und mit den Pistazien garnieren.

Overnight Oats **„Bircher Art"**

Für 2 Portionen

1 Apfel
Saft von 1/2 Zitrone
80 g Vollkorn-Haferflocken
25 g gemahlene Haselnüsse
20 g getrockneter Apfel
20 g Rosinen
20 g Cranberries
150 g (Soja-) Joghurt
200 ml (Soja-) Milch

■ Am Vorabend den Apfel waschen, vierteln, entkernen und fein reiben. Den Zitronensaft über den geriebenen Apfel geben. Die gesamten restlichen Zutaten unterheben und alles in ein Einmachglas oder eine Vorratsdose geben. Das Gefäß verschließen und über Nacht in den Kühlschrank stellen.

■ Die Overnight Oats am nächsten Morgen auf 2 Müslischälchen verteilen.

Overnight Oats sind das perfekte Frühstück für alle, die gesund essen wollen, aber morgens wenig Zeit haben. Dafür werden Haferflocken (Hafer = oats) in Flüssigkeit eingelegt und über Nacht (overnight) in den Kühlschrank gestellt. Dort quellen sie auf und eine Art cremiger Brei entsteht. Das Grundrezept ist denkbar einfach: Pro Portion werden 40 g Vollkorn-Haferflocken (4 EL) in 120 ml Flüssigkeit eingeweicht.

Apfelkuchen-Smoothie

Für 2 Portionen (à etwa 1/4 l)

1 Apfel
1/2 Banane
20 g Vollkorn-Haferflocken
1/2 TL Zimtpulver
400 ml Mandelmilch

■ Den Apfel waschen, entkernen und in Stücke schneiden. Die Banane schälen und ebenfalls klein schneiden. Die Früchte zusammen mit den restlichen Zutaten in einem Mixer oder mit einem Pürierstab pürieren.

■ Den Smoothie in 2 großen Gläsern oder Tassen anrichten.

Bananen-Smoothie

Für 2 Portionen (à etwa 1/4 l)

1 Banane
1 Spritzer Zitronensaft
20 g Vollkorn-Haferflocken
300 ml Sojamilch

■ Die Banane schälen und klein schneiden. Zusammen mit den übrigen Zutaten in einen Mixer geben oder pürieren.

■ Den Smoothie in 2 großen Gläsern oder Tassen anrichten.

Ich friere Bananen immer ein, wenn sie sehr reif sind und ich momentan keine Verwendung für sie habe. Das Einfrieren ist auch bestens dazu geeignet, um im Sommer bei großer Hitze schnell reifende Bananen noch zu retten. In Kombination mit den Haferflocken bilden die gelben Früchte ein ausgewogenes Frühstück, das lange satt macht.

Nicht nur im Smoothie machen sich Bananen super, sondern auch gekocht, gebacken, gegrillt oder einfach pur als leckerer Snack zwischendurch. Sie sind sehr nahrhaft und gesund, enthalten jede Menge Vitamine (A, B, C und E) sowie Mineralien wie Kalium und Magnesium. Ihre vielen Ballaststoffe machen satt und fördern die Verdauung. Die enthaltenen Kohlenhydrate versorgen uns schnell mit neuer Energie. Auch auf unser Gehirn haben sie einen positiven Effekt: Die Aminosäure Tryptophan regt die Produktion des Glückshormons Serotonin an.

Erdbeer-**Frühstückssmoothie**

Für 2 Portionen (à etwa 1/4 l)

150 g Erdbeeren
50 g Himbeeren
100 g (Soja-) Joghurt
20 g Vollkorn-Haferflocken
200 ml (Soja-) Milch

■ Erdbeeren und Himbeeren waschen und den Stielansatz der Erdbeeren entfernen. Die Erdbeeren halbieren.

■ Die vorbereiteten Früchte zusammen mit den übrigen Zutaten in einen Mixer geben oder pürieren. Den Smoothie in 2 großen Gläsern oder Tassen anrichten.

Wer lieber eine flüssigere Konsistenz mag, ersetzt den Joghurt durch (Soja-)Milch. Durch die Haferflocken ist der Smoothie sehr sättigend.

Natürlich
frisch
einfach
gut

Special:

Grüne **Smoothies**

Das vitaminreiche, vegane und rohköstliche Powerfood eignet sich als fruchtig-frische Zwischenmahlzeit oder als Frühstück. Perfekt für alle, die wenig Zeit haben, denn Smoothies sind mit dem Mixer innerhalb weniger Minuten zubereitet. Grüne Smoothies bestehen aus Pflanzengrün, Obst und Flüssigkeit, nach Wunsch ergänzt um Superfoods.

Pflanzengrün: Eine einfache Regel besagt, dass man das Gemüse um den Finger wickeln können sollte. Spinat, Minze, Petersilie, Grünkohl, Mangold, Blattgrün von Möhren, Kohlrabi und Roter Bete sowie Wildkräuter wie Löwenzahn, Brennnessel, Bärlauch und Sauerampfer sind perfekt geeignet.
Obst: Vor allem Bananen, Datteln oder Feigen mildern den leicht herben Geschmack des Grüns. Bananen sorgen zudem für eine sämige Konsistenz. Beachten Sie, dass rotes Obst den Grünen Smoothie braun färbt.
Flüssigkeit: Sie können Wasser, Tee, Kokoswasser, Pflanzenmilch oder Säfte verwenden. Milchprodukte gehören übrigens nicht in einen Grünen Smoothie.
Superfoods: Probieren Sie Matcha, Ingwer, Moringa, Goji-Beeren oder Chia-Samen [machen den Smoothie dickflüssiger]. Gewürze wie Zimt, Vanille oder Kardamom verfeinern den Geschmack zusätzlich.

Mixen Sie so lange, bis der Smoothie die gewünschte Konsistenz erreicht hat. Wenn er zu dickflüssig ist, geben Sie noch etwas Flüssigkeit hinzu.

Als Anregung hier meine Lieblingskombinationen:

- Blattspinat, Banane, Kokoswasser
- Mangold, Avocado, Honigmelone, Minze, Wasser
- Postelein, Maracuja, Limette, Minze, Wasser
- Grünkohl, Melone, Aprikose, Banane, Wasser [und eventuell Matcha]
- Blattspinat, Mango, Apfel, Banane, Wasser

Geschichteter **Aprikosen**joghurt

Für 2 Portionen

1 unbehandelte Zitrone
1 Orange
4–6 Aprikosen
1 Msp. gemahlene Vanille
1 TL Agavendicksaft
15 g ganze Mandeln
200 g Joghurt
2 TL essbare Blüten, z. B. Holunder, Duftveilchen oder Obstblüten (nach Wunsch)

■ Zunächst die Schale der Zitrone abreiben. Dann den Saft der Zitrone und der Orange auspressen. Die Aprikosen waschen, entsteinen und in Stücke schneiden.

■ In einem Topf den Zitronensaft, den Orangensaft und die Zitronenschale mit den Aprikosen und der gemahlenen Vanille aufkochen. 5 Minuten köcheln lassen. Dann den Agavendicksaft unterrühren und alles pürieren.

■ Die Mischung abkühlen lassen. Währenddessen die Mandeln grob mit einem Messer hacken und unter den Joghurt mischen. Joghurt und Aprikosenkompott abwechselnd in 2 Gläsern oder einer Schale einschichten. Nach Wunsch mit essbaren Blüten garnieren.

Tipp

Der geschichtete Aprikosenjoghurt eignet sich auch bestens als Dessert.

Pflaumenjoghurt mit **Leinöl**

Für 2 Portionen

300 g Sojajoghurt
3 EL Limettensaft
2 EL Leinöl
6–8 Pflaumen
1 EL Agavendicksaft
2 EL Kerne-Mix
2 TL essbare Blüten, z. B. Lavendel oder Ringelblume (nach Wunsch)

■ Den Sojajoghurt, 2 EL Limettensaft und das Leinöl cremig rühren. Die Pflaumen waschen, entsteinen und in kleine Stücke schneiden. Mit dem Agavendicksaft und dem restlichen Limettensaft vermengen.

■ Die Pflaumenmischung auf 2 Schälchen oder Gläser verteilen und den Joghurt darübergeben. Mit dem Kerne-Mix bestreuen. Nach Wunsch mit essbaren Blüten garnieren.

Leinöl sollte immer im Kühlschrank aufbewahrt werden, da es nach dem Anbrechen rasch ranzig wird. Im Kühlschrank ist es zwei bis drei Wochen haltbar. Im Tiefkühlfach kann es einige Monate gelagert werden, da es einen niedrigen Schmelzpunkt hat.

Brötchen**sonne**

Für 8 Brötchen

10 g frische Hefe
1 TL Agavendicksaft
400 g Dinkel-Vollkornmehl
etwas Butter oder Öl zum Einfetten der Springform
1 EL Olivenöl
1 Prise Salz
Saaten zum Bestreuen (z. B. Leinsamen, Sonnenblumenkerne, Kürbiskerne, Sesam, Mohn, Kümmel, ...)

■ Am Vorabend die Hefe zerbröseln und mit dem Agavendicksaft in 50 ml lauwarmem Wasser auflösen. Den Vorteig 10 Minuten gehen lassen. Inzwischen das Mehl sieben und eine Springform einfetten.

■ Die Hefe mit dem Mehl, Olivenöl, Salz und 200 ml lauwarmem Wasser zuerst mit der Küchenmaschine oder den Knethaken des Handrührgeräts, dann mit den Händen zu einem geschmeidigen Teig kneten.

■ Den Teig in 8 Teile teilen und diese zu runden Brötchen formen. Ein Brötchen in die Mitte der Springform geben und die restlichen Brötchen darum herum legen. Damit die Brötchen zu einer Brötchensonne zusammenwachsen, sollten sie sich bereits jetzt berühren.

■ Die Brötchen mit Wasser besprühen und die Saaten darauf verteilen. Anschließend erneut mit Wasser besprühen. Die Springform mit einem Deckel, einem Teller oder Alufolie abdecken und über Nacht in den Kühlschrank stellen.

■ Am nächsten Morgen die Springform aus dem Kühlschrank nehmen und die Abdeckung entfernen. Die Brötchen nochmals mit Wasser besprühen.

■ Die Springform auf ein Kuchengitter stellen und auf der mittleren Schiene in den kalten Backofen schieben. Die Backofentemperatur auf 180 °C einstellen und die Brötchen 8 Minuten bei Ober- und Unterhitze backen. Anschließend bei gleicher Temperatur weitere 20 Minuten mit Umluft backen.

■ Die Springform aus dem Ofen nehmen. Die Brötchen in der Springform abkühlen lassen und dann herausnehmen.

Rote-Linsen-**Curry**-Aufstrich

Für etwa 500 g

1/2 Zwiebel
1 EL Sonnenblumenöl
100 g rote Linsen
200 ml Kokosmilch
Currypulver
1 kleine Möhre
100 g Apfelmus
1 EL Zitronensaft
Salz
Pfeffer aus der Mühle

■ Die halbe Zwiebel schälen und fein würfeln. In einem Topf das Sonnenblumenöl erhitzen und die Zwiebelwürfel darin glasig dünsten. Die Linsen hinzugeben und mit Kokosmilch ablöschen. Alles 5 Minuten köcheln lassen, zwischendurch umrühren.

■ Überschüssige Kokosmilch abschütten, die Linsen-Kokos-Mischung mit Curry abschmecken und abkühlen lassen.

■ Die Möhre waschen, putzen, raspeln und unterheben. Das Apfelmus unterrühren, Zitronensaft, Salz und Pfeffer hinzugeben und den Aufstrich im Mixer oder mit einem Pürierstab pürieren.

Rote-**Bete**-Aufstrich

Für etwa 250 g

50 g Sonnenblumenkerne
1 kleine Rote Bete (100 g)
1 kleine Zwiebel
25 ml Sonnenblumenöl
1 TL Zitronensaft
15 g frisch geriebener Meerrettich oder 1 EL Meerrettich aus dem Glas
Salz
Pfeffer aus der Mühle

■ Die Sonnenblumenkerne 1 Stunde in Wasser einweichen. Die Rote Bete etwa 30 Minuten kochen, anschließend schälen und in Stücke schneiden. Die Zwiebel schälen und fein würfeln, das Sonnenblumenöl erhitzen und die Zwiebelwürfel darin glasig dünsten. Die Sonnenblumenkerne abgießen.

■ Die vorbereiteten Zutaten zusammen mit Zitronensaft und Meerrettich im Mixer oder mit einem Pürierstab pürieren. Den Aufstrich mit Salz und Pfeffer abschmecken.

Der Linsen-Curry-Aufstrich und auch die anderen beiden Brotaufstriche halten sich in einem verschlossenen Behälter im Kühlschrank mindestens 2 Wochen. Sie können also auch eine größere Portion auf Vorrat zubereiten. Achten Sie darauf, den Aufstrich immer mit einem sauberen Löffel herauszunehmen, wenn beispielsweise kleine Brotkrümel hineingeraten, bildet sich rasch Schimmel.

Mediterraner **Tomatenaufstrich**

Für etwa 250 g

100 g getrocknete Tomaten
50 g Sonnenblumenkerne
1 Knoblauchzehe
1 EL Tomatenmark
4 EL Olivenöl
1/2 TL edelsüßes Paprikapulver
1 TL getrocknetes Basilikum
Salz
Pfeffer aus der Mühle

■ Die getrockneten Tomaten und die Sonnenblumenkerne etwa 1 Stunde in Wasser einweichen. Dann das überschüssige Wasser abgießen.

■ Die Knoblauchzehe schälen und fein würfeln. Die vorbereiteten Zutaten zusammen mit Tomatenmark, Öl, Paprika und Basilikum mit einem Pürierstab pürieren. Den Aufstrich mit Salz und Pfeffer abschmecken.

Natürlich
frisch
einfach
gut

Special: **Superfoods – gesundes Plus**

Superfoods haben eine sehr hohe Nährstoffdichte und gelten deshalb als besonders gesund. Heimische Lebensmittel wie Blaubeeren oder Grünkohl zählen dazu, aber auch exotische, von denen ich Ihnen hier drei vorstelle, die ich persönlich gern verwende.

Chia-Samen besitzen einen hohen Anteil an Antioxidantien und Omega-3-Fettsäuren. Diese haben eine positive Wirkung auf den Cholesterinspiegel und können die Blutfettwerte bei regelmäßigem Verzehr verbessern. In Flüssigkeit quellen sie auf und bilden eine schleimige Schicht, die für ein lang anhaltendes Sättigungsgefühl sorgt.

Granatäpfel enthalten viele Vitamine und Mineralstoffe, außerdem sekundäre Pflanzenstoffe. Darunter befinden sich sogenannte Polyphenole – so viel, wie in keinem anderen Lebensmittel. Dank dieser Stoffe sollen Granatäpfel unter anderem dem Altern entgegenwirken, das Immunsystem stärken und eine entzündungshemmende Wirkung haben.

Grünkohl schmeckt nicht nur mit deftiger Fleischbeilage, sondern auch in Grünen Smoothies, roh als Salat oder in Form von Grünkohlchips. Er ist reich an Vitaminen und Mineralstoffen. Insbesondere seine sekundären Pflanzenstoffe und Antioxidantien gelten als natürliche Krankheitsbekämpfer.

Matcha ist zu feinem Pulver gemahlener Grüntee. Dazu werden die Blätter der Tencha-Pflanze verwendet. Der Tee wirkt belebend und anregend, macht wach und fit. Er soll außerdem das Immunsystem stärken und entzündungshemmend wirken. Der Geschmack ist im Vergleich zu herkömmlichem Grüntee kräftiger, herber und grasiger.

Hirsefrühstück mit Pistazien-crunch und **Vanilleschaum**

Für 2 Portionen

100 g Hirse
1 Prise Zimtpulver
1 Prise gemahlene Vanille
1 Apfel
1 Granatapfel
1 Orange
20 g ungesalzene Pistazienkerne (ungeschält gewogen)
300 ml Vanille-Sojamilch (oder Sojamilch natur und 1 Msp. gemahlene Vanille)
1 EL Leinöl

■ Die Hirse, den Zimt und die Vanille in 300 ml Wasser aufkochen und dann auf niedriger Stufe 10 Minuten köcheln lassen.

■ Inzwischen den Apfel waschen, vom Kerngehäuse befreien und klein schneiden. Vom Granatapfel den Blütenansatz oben abschneiden. Die Frucht von oben nach unten einritzen und auseinanderbrechen. Die Kerne mit den Fingern herauslösen. Die Orange schälen und klein schneiden. Die Pistazien schälen und mit einem Messer fein hacken oder in einem Mixer fein zerkleinern.

■ Die Sojamilch aufkochen und mit einem Milchaufschäumer aufschäumen. Das Leinöl unter die gegarte Hirse rühren. Dann die Hirse auf 2 Tellern anrichten und das Obst hinzugeben. Den Vanilleschaum über das Hirsefrühstück geben und mit den Pistazienstücken garnieren.

Omelett mit Spinat-Champignon-Gemüse

Für 2 Portionen

1 Zwiebel
400 g Champignons
2 EL Olivenöl
400 g Blattspinat
Pfeffer aus der Mühle
frisch geriebene Muskatnuss
6 Eier
Salz
1/2 Bund Petersilie

■ Die Zwiebel schälen und fein würfeln. Die Champignons putzen und in Scheiben schneiden. 1 EL Olivenöl in einer Pfanne erhitzen und die Zwiebeln und Champignons darin andünsten. Dann den Spinat hinzugeben. 5 Minuten dünsten und zwischendurch umrühren. Mit Pfeffer und Muskatnuss würzen. Das Gemüse warm halten.

■ Die Eier mit einer Prise Salz verquirlen. Die Petersilie waschen, trocken tupfen, die Blättchen von den Stielen zupfen und fein hacken. In einer Pfanne 1 EL Olivenöl erhitzen und aus der Eimasse 2 Omeletts von beiden Seiten backen. Die Petersilie unter die Spinat-Champignon-Füllung mischen, die Omeletts auf Tellern anrichten und das Spinat-Champignon-Gemüse daraufgeben.

Tipp

Für eine vegane Variante lassen Sie die Eier weg und dünsten stattdessen 400 g Tofu und 100 ml Sojamilch 5 Minuten zusammen mit dem Spinat. Das Ganze wird mit Salz, Pfeffer, 1/2 TL Kurkuma und 1 TL Kala Namak abgeschmeckt.

Quinoa-Granola

Für etwa 200 g

50 g weiße Quinoa
50 g Vollkorn-Haferflocken
20 g gestiftete Mandeln
20 g Sonnenblumenkerne
3 EL Sonnenblumenöl
3 EL Agavendicksaft
50 g getrocknete Aprikosen

■ Den Backofen auf 160 °C Umluft vorheizen. Die Quinoa in ein Sieb geben und unter fließendem, kaltem Wasser abspülen, bis das Wasser klar bleibt. Quinoa, Haferflocken, Mandeln und Sonnenblumenkerne in eine Schüssel geben. Das Sonnenblumenöl und den Agavendicksaft hinzugeben und alles gründlich miteinander verrühren. Ein Backblech mit Backpapier auslegen, die Mischung dünn darauf verteilen und das Blech auf der mittleren Schiene in den Backofen schieben.

■ Je nach Backofen 10 bis 12 Minuten backen. Nach 10 Minuten prüfen, wie dunkel das Granola aussieht und gegebenenfalls einige weitere Minuten backen, bis der gewünschte Bräunungsgrad erreicht ist.

■ Das Granola anschließend herausnehmen und gut abkühlen lassen, erst abgekühlt wird es fest. Inzwischen die getrockneten Aprikosen klein schneiden und zu dem Granola geben.

Tipp

Durch das Abspülen werden die Bitterstoffe (Saponine) der Quinoa weitgehend ausgewaschen. Diese können bei Kleinkindern zu Unverträglichkeiten führen. Daher sollten Kinder unter zwei Jahren keine Quinoa essen.

Glutenfreies Granola mit Kokos und Berberitzen

Für etwa 200 g

20 g Sonnenblumenkerne
50 g Mandeln
50 g Haselnüsse
20 g Kokosraspel
3 EL Kokosöl
3 EL Agavendicksaft
30 g ungesalzene Pistazien (ungeschält gewogen)
20 g Berberitzen

■ Den Backofen auf 160 °C Umluft vorheizen. Sonnenblumenkerne, Mandeln, Haselnüsse und Kokosraspel kurz in den Mixer geben oder mit einem Messer fein hacken. Alles in eine Schüssel geben. Das Kokosöl kurz in der Mikrowelle schmelzen lassen und hinzugeben, den Agavendicksaft ebenfalls hinzugeben. Ein Backblech mit Backpapier auslegen, die Mischung dünn darauf verteilen und das Blech auf der mittleren Schiene in den Backofen schieben.

■ Je nach Backofen 10 bis 12 Minuten backen, nach 10 Minuten prüfen, wie dunkel das Granola aussieht und gegebenenfalls einige weitere Minuten backen, bis der gewünschte Bräunungsgrad erreicht ist. Anschließend herausnehmen und gut abkühlen lassen, erst abgekühlt wird das Granola fest. Zum Schluss die Pistazien schälen und mit den Berberitzen zum Granola geben.

Tipp

Soll Trockenobst verwendet werden, geben Sie dieses erst nach dem Backen hinzu. Luftdicht verschlossen kann das Granola mindestens zwei Wochen aufbewahrt werden, so bleibt es frisch und knusprig.

Exotische Overnight Oats

Für 2 Portionen

2 Orangen
1 Banane
80 g Vollkorn-Haferflocken
2 EL Kokosraspel
6 Aprikosen (etwa 240 g mit Stein gewogen)
2 EL getrocknete Maulbeeren
einige Physalis zum Dekorieren (nach Wunsch)

■ Am Vorabend die Orangen auspressen, die Banane schälen und in Stücke schneiden. Den Saft zusammen mit der Banane pürieren oder mixen.

■ Die Haferflocken und die Kokosraspel hinzugeben und alles in ein Einmachglas oder eine Vorratsdose geben. Das Gefäß verschließen und über Nacht in den Kühlschrank stellen.

■ Am nächsten Morgen die Aprikosen waschen, halbieren, entsteinen und in mundgerechte Stücke schneiden. Die Aprikosen unter die Overnight Oats heben und alles auf 2 Müslischälchen verteilen. Das Ganze mit den Maulbeeren und eventuell den Physalis anrichten.

Bei Glutenunverträglichkeit (Zöliakie) können hier und in den anderen Rezepten auch Buchweizen-, Soja- oder Reisflocken verwendet werden. Wer Gluten verträgt, kann auch mal Dinkel-, Kamut- oder Emmerflocken verwenden.

Blaubeermuffin-**Porridge**

Für 2 Portionen

200 g Blaubeeren
1 Msp. gemahlene Vanille
200 ml Mandelmilch
80 g Dinkelflocken
1 Prise Zimtpulver

■ Die Blaubeeren mit 1 EL Wasser in einem Topf aufkochen lassen. Die gemahlene Vanille dazugeben. 5 Minuten weiter köcheln lassen, zwischendurch umrühren.

■ In einem zweiten Topf die Mandelmilch aufkochen. Dann die Dinkelflocken hinzugeben und ebenfalls etwa 5 Minuten köcheln lassen. Zwischendurch umrühren und zum Schluss den Zimt hinzugeben.

■ Den Porridge auf 2 Müslischälchen verteilen und die Blaubeersoße darauf anrichten.

Mango-Lassi mit Kardamom

Für 2 Portionen (à etwa 1/4 l)

1 Mango
1 Kapsel Kardamom
100 ml Sojamilch
200 g Sojajoghurt

■ Die Mango schälen, das Fruchtfleisch um den Kern herum abschneiden und in Stücke schneiden. Die Kardamomkapsel aufschneiden, die Kardamomsamen herausholen und im Mörser zerstoßen. Dann die Mango mit dem Kardamom, der Sojamilch und dem Sojajoghurt in einem Mixer oder mit einem Pürierstab pürieren.

■ Das Mango-Lassi auf 2 große Gläser oder Tassen verteilen. Nach Geschmack noch mit Kardamom bestreuen.

Kardamom ist vor allem in der arabischen und asiatischen Küche weit verbreitet. Hierzulande wird das Gewürz vor allem in der Weihnachtsbäckerei eingesetzt. Es ist mit Ingwer verwandt und wird von Hand geerntet, weshalb Kardamom neben Safran und Vanille eines der teuersten Gewürze ist. Es enthält ätherische Öle, die die Verdauung anregen.

Apfel-Zimt-Pancakes

Für 2 Portionen

100 g Kamut-Vollkornmehl
1 TL Backpulver
20 g Rohrohrzucker
1 Prise Salz
1/2 TL Zimtpulver
120 ml Reismilch
10 g Butter
1 Ei
1 Apfel
1 EL Sonnenblumenöl
Zimtpulver zum Bestreuen (nach Wunsch)

■ Das Kamut-Vollkornmehl mit dem Backpulver, dem Rohrohrzucker, Salz und Zimt in einer Schüssel vermengen. Die Butter in einem Topf erwärmen.

■ In einer zweiten Schüssel die Reismilch mit dem flüssigen Fett und dem Ei schaumig rühren. Anschließend unter die Mehlmischung ziehen.

■ Dann den Apfel waschen und quer aus dem mittleren Teil vier dünne Scheiben schneiden. Die Kerne vorsichtig mit einem Messer entfernen.

■ Das Öl in einer Pfanne erhitzen. Je 1 Apfelscheibe in die Pfanne geben, je 2 EL Teig darüber verteilen und mit dem Löffel glatt streichen. Die Pancakes von beiden Seiten goldbraun backen. Nach Geschmack mit Zimt bestreuen und servieren.

Sommerliches **Quinoa-Frühstück**

Für 2 Portionen

100 g weiße Quinoa
200 ml Sojamilch
200 g Erdbeeren
200 g Sojajoghurt
2 EL weißes, ungesüßtes Mandelmus
200 g gemischte Beeren nach Wahl (Erdbeeren, Himbeeren, Johannisbeeren, Brombeeren, Blaubeeren, ...)

■ Die Quinoa gründlich unter fließendem, kaltem Wasser abspülen, bis das Wasser klar bleibt. Quinoa dann etwa 10 Minuten in der Sojamilch kochen, zwischendurch umrühren. Inzwischen die Erdbeeren waschen, die Stielansätze entfernen. Dann den Sojajoghurt und die Erdbeeren im Mixer oder mit einem Pürierstab pürieren.

■ Das Mandelmus unter die gekochte Quinoa heben und mit dem Beerenjoghurt vermengen. Die gemischten Beeren waschen, werden Erdbeeren verwendet, die Stielansätze entfernen und die Erdbeeren klein schneiden.

■ Die Quinoa-Mischung auf 2 Schälchen oder Gläser verteilen und die Beeren als Topping darübergeben.

Overnight Oats
Kirsch-Schokolade

Für 2 Portionen

200 g Kirschen
80 g Dinkelflocken
240 ml Mandelmilch
1 Msp. gemahlene Vanille
10 g Kakaonibs

■ Am Vorabend die Kirschen waschen, halbieren und entsteinen. Die Dinkelflocken in einem Einmachglas oder einer Vorratsdose mit der Mandelmilch vermengen. Die gemahlene Vanille sowie die Kakaonibs unterrühren. Das Gefäß verschließen und über Nacht in den Kühlschrank stellen. Die Kirschen ebenfalls abgedeckt in den Kühlschrank stellen.

■ Die Overnight Oats am nächsten Morgen in 2 Müslischälchen anrichten und die halbierten Kirschen darüber verteilen.

Kakaonibs sind 2 bis 3 mm große, gebrochene Kakaobohnen. Sie verleihen den Overnight Oats einen schokoladigen Geschmack und sind noch dazu gesund. Unverarbeitete Kakaobohnen haben einen hohen Anteil an Antioxidantien und enthalten die Glücksbotenstoffe Serotonin und Dopamin – dieses Frühstück ist daher perfekt für den Start in einen glücklichen Tag!

Porridge mit Quitten-Lebkuchen-Soße und Pistaziencrunch

Für 2 Portionen

1 Quitte (ca. 200 g)
1 TL Zitronensaft
15 g Dinkelflocken
15 g Emmerflocken
15 g Kamutflocken
1/4 l Mandelmilch
1 TL Lebkuchengewürz
20 g ungesalzene Pistazien (ungeschält gewogen)

■ Die Quitte waschen, entkernen und in Stücke schneiden. In einem Topf 200 ml Wasser zum Kochen bringen. Den Zitronensaft und die Quittenstücke hinzugeben und 10 Minuten köcheln lassen.

■ Währenddessen die Mandelmilch in einem weiteren Topf zum Kochen bringen und die Flocken 5 Minuten auf niedriger Stufe köcheln lassen. Zwischendurch immer wieder umrühren. Das Lebkuchengewürz zu den gekochten Quittenstücken geben und alles mit einem Pürierstab pürieren.

■ Die Pistazien schälen und kurz im Mixer zerkleinern oder mit einem Messer fein hacken. Die gegarten Flocken auf zwei Schälchen verteilen, die Quitten-Lebkuchen-Soße darauf anrichten und mit Pistaziencrunch garnieren.

■ Als weitere Variation kann das Porridge auch bestens mit glutenfreien Flocken zubereitet werden.

Variation

1 Quitte (ca. 200 g)
1 TL Zitronensaft
15 g Sojaflocken
15 g Roggenflocken
15 g Buchweizenflocken
1/4 l Mandelmilch
1 TL Lebkuchengewürz
20 g Pistazien

Lebkuchengewürz ist eine Gewürzmischung, die aus Zimt, Anis, Nelken, Muskatnuss, Ingwer und Kardamom besteht. Sie wird vorwiegend in der Weihnachtsbäckerei eingesetzt, aber auch im Porridge schmeckt sie wunderbar!

Sonntags**brötchen**

Für 8 Brötchen

350 g Dinkel-Vollkornmehl und etwas Mehl für die Arbeitsfläche
150 g Roggen-Vollkornmehl
1 Würfel frische Hefe (42 g)
2 EL Butter
200 g Sonnenblumenkerne
4 EL Leinsamensaat
1 Prise Salz

■ Am Vorabend die Hefe zerbröseln und mit 100 ml lauwarmem Wasser 10 Minuten gehen lassen. Dann den Vorteig und die übrigen Zutaten mit 1/4 l lauwarmem Wasser zunächst mit den Knethaken des Handrührgeräts oder mit der Küchenmaschine 5 Minuten auf niedrigster Stufe kneten, dann weitere 5 Minuten auf mittlerer Stufe. Den Teig über Nacht bei Zimmertemperatur abgedeckt stehen lassen.

■ Am nächsten Morgen den Teig kurz durchkneten und in 8 Teile teilen. Etwas Mehl auf eine Arbeitsfläche streuen und den Teig mit den Händen dünn rollen, bis die Teigrollen jeweils 30 bis 40 cm lang sind. Die Teigrollen dann von einem Ende mit befeuchteten Händen spiralförmig zusammenrollen, sodass Brötchenschnecken entstehen. Diese dann auf ein mit Backpapier ausgelegtes Blech legen und 1 weitere Stunde abgedeckt ruhen lassen.

■ Den Backofen auf 230 °C vorheizen. Die Brötchen 20 Minuten im vorgeheizten Ofen backen. Zusätzlich eine Schüssel mit heißem Wasser in den Ofen stellen.

Tipp

Diese Sonntagsbrötchen sind etwas aufwändiger herzustellen – aber die investierte Zeit lohnt sich! Sie sehen sehr dekorativ aus und schmecken kernig und lecker.

Blaues **Früchtemüsli** mit Zimt

Für 2 Portionen

5 Pflaumen
2 blaue Feigen
100 g Blaubeeren
80 g Dinkelflocken
200 ml Mandelmilch
1 Msp. Zimtpulver
2 EL ganze Mandeln

■ Pflaumen, Feigen und Blaubeeren waschen. Die Pflaumen entsteinen und in kleine Stücke schneiden. Die Feigen ebenfalls in Stücke schneiden.

■ Das Obst mit den Dinkelflocken mischen und auf 2 Müslischälchen verteilen. Die Mandelmilch darübergeben und mit Zimt und Mandeln garnieren.

kapitel 3
Vorspeisen

Die Vorspeise leitet ein Menü ein und weckt gleichzeitig die Neugierde auf das Hauptgericht. Mit diesen leichten, raffinierten Ideen für gesunde Vorspeisen nach dem Clean-Eating-Prinzip wird der erste Hunger gestillt und gleichzeitig der Appetit auf mehr angeregt. Der bunte Mix aus kalten und warmen Vorspeisen hilft Ihnen dabei, für jedes Hauptgericht einen passenden Appetizer zu finden. Neben abgewandelten Klassikern wie den Zucchini-Bruschetta und dem fleischlosen „Carpaccio" finden Sie Salate, eine Suppe und Fingerfood unter den Vorspeisen. Einige der Rezepte, wie beispielsweise die Gurkenhäppchen mit Cranberries oder die Caprese-Sticks, eignen sich zudem als leckerer Clean-Eating-Snack für zwischendurch.

Natürlich
frisch
einfach
gut

Zucchini-Bruschetta

Für 2 Portionen

1 Zucchini
2 EL Olivenöl
2 Tomaten
1 kleine Zwiebel
2 Knoblauchzehen
1 TL Olivenöl
1 Bund Basilikum
Salz, Pfeffer aus der Mühle
100 g geriebener Käse (z. B. Gouda, Emmentaler oder veganer Streukäse)

■ Die Zucchini waschen und in etwa 1,5 cm dicke Scheiben schneiden. Ein Backblech mit Backpapier auslegen und die Zucchinischeiben darauf verteilen. Die Zucchinischeiben mit einem Pinsel mit dem Olivenöl bestreichen. Den Backofen auf 200 °C Ober- und Unterhitze (180 °C Umluft) vorheizen.

■ Die Tomaten waschen, den Strunk herausschneiden, die Kerne entfernen und die Tomaten würfeln. Die Zwiebel und den Knoblauch schälen. Die Zwiebel fein würfeln, den Knoblauch durchpressen und beides zu den Tomaten geben. Das Basilikum waschen, trocken tupfen, die Blättchen fein hacken und hinzugeben. Mit Salz und Pfeffer abschmecken.

■ Die Tomatenmasse auf die Zucchinischeiben geben und mit dem geriebenen Käse bestreuen. Das Ganze 10 Minuten im vorgeheizten Ofen backen.

Tipp

Bruschetta ist ein italienisches Antipasto und auch bei uns eine beliebte Vorspeise. Statt geröstetem Weißbrot werden hier Zucchinischeiben verwendet und sorgen für ein Extra an Vitaminen.

Gurkenhäppchen
mit Cranberries

Für 2 Portionen

1 Gurke
1/2 Bund Schnittlauch
1/2 Bund Petersilie
150 g Ricotta
1 TL Olivenöl
Salz
Pfeffer aus der Mühle
1 Handvoll getrocknete Cranberries

■ Die Gurke waschen und in 2 cm dicke Scheiben schneiden. Den Schnittlauch und die Petersilie waschen und trocken tupfen, Schnittlauch in Ringe schneiden, Petersilienblättchen abzupfen und fein hacken. Die Kräuter mit dem Ricotta und dem Olivenöl mischen. Mit Salz und Pfeffer abschmecken.

■ Die Gurkenscheiben auf einem Servierteller anrichten. Die Ricotta-Kräuter-Mischung mit einem Löffel auf den Gurkenscheiben verteilen und mit Cranberries garnieren.

Die kanadische Kranichbeere, die auch Cranberry genannt wird, ist die große Schwester der heimischen Preiselbeere. Die Superfrucht hat sich vor allem wegen ihrer positiven Wirkung auf Harnwegsinfekte einen Namen gemacht. Sie besitzt eine antibakterielle Wirkung, wofür die sogenannten Proanthocyanide verantwortlich sind. Neben den getrockneten Früchten ist auch Cranberrysaft beliebt.

Natürlich
frisch
einfach
gut

Special:
Snacken erwünscht!

Nach dem Clean-Eating-Konzept gehören zwei Zwischenmahlzeiten zum Speiseplan. Damit halten Sie Ihren Blutzuckerspiegel konstant, beugen Heißhungerattacken vor und erhalten Ihre Leistungs- und Konzentrationsfähigkeit. Die gesunden Snacks, die ich Ihnen hier vorstelle, lassen sich ganz einfach in einem verschließbaren Gefäß mitnehmen.

- Obst, Trockenobst (ungeschwefelt und ohne zugesetzten Zucker), gefrorene Trauben, Gemüsesticks, Kirschtomaten, eingelegtes Gemüse, getrocknete Tomaten. Das Obst kann durch Nussmus, das Gemüse durch Hummus oder andere Dips ergänzt werden.
- eine Handvoll ungesalzener Nüsse, Kerne oder Studentenfutter
- geröstete Maroni oder Kichererbsen
- gekochte und mit Meersalz bestreute Edamame (unreif geerntete Sojabohnen)
- Naturjoghurt oder Sojajoghurt mit Obst
- Reiswaffeln oder zuckerfreies Popcorn
- dunkle Schokolade mit über 70 % Kakaoanteil
- ein hartgekochtes Ei
- belegtes Vollkornbrot oder -brötchen, gefüllte Wraps
- selbst gemachte Snacks wie Gemüsemuffins, Cracker, Gemüsechips (z. B. aus Grünkohl, Süßkartoffeln oder Wirsing), zuckerfreie Kekse, Proteinriegel (Rezept S. 160), rohe Pralinen (Rezept S. 144), Chia-Pudding (Rezept S. 152), Grüne Smoothies (siehe S. 44) oder Fruchtsmoothies (Rezepte S. 42f.)
- selbstgemachtes Eis (z. B. verschiedene klein geschnittene Früchte mit Kokoswasser in Eisförmchen geben; alternativ pürierte Früchte)

Auch in Bio-Supermärkten, Reformhäusern und Drogerien gibt es inzwischen eine große Auswahl gesunder Snacks, die sich für unterwegs eignen. Achten Sie beim Kauf aber auf die Zutatenliste.

Warmer **Blumenkohlsalat** mit Erbsen und **Feta**

Für 2 Portionen

1/2 Blumenkohl
50 g Erbsen (TK)
150 g Feta
1/2 Zitrone
1/2 Bund Petersilie
1/2 Bund Basilikum
30 g Kernemix
2 EL Avocadoöl (alternativ Olivenöl)
Salz, Pfeffer aus der Mühle

■ Die Blätter vom Blumenkohl ablösen, den Blumenkohl putzen, waschen und in kleine Röschen zerteilen. Die Röschen in kochendem Wasser 7 bis 10 Minuten garen. 1 bis 2 Minuten vor Ende der Garzeit die Erbsen dazugeben und mitgaren.

■ Inzwischen den Feta fein würfeln und den Saft der Zitrone auspressen. Petersilie und Basilikum waschen, trocken tupfen, die Blättchen abzupfen und fein hacken. Den Kernemix kurz in einer Pfanne ohne Öl rösten.

■ Blumenkohl und Erbsen in ein Sieb abgießen und gut abtropfen lassen. Das Gemüse in eine Salatschüssel geben. Zitronensaft, Kräuter, Kernemix und Öl hinzugeben und alles miteinander vermengen. Mit Salz und Pfeffer abschmecken. Den Salat lauwarm servieren.

Gefüllte **Riesenchampignons**

Für 2 Portionen

4 große Champignons
40 g getrocknete, in Öl eingelegte Tomaten
100 g Feta
4 Kirschtomaten
100 g Zucchini
2 Stängel Petersilie
Salz
Pfeffer aus der Mühle
2 EL Olivenöl

■ Die Champignons waschen und putzen. Champignonstiele vorsichtig mit einem Messer entfernen. (Sie können für ein anderes Rezept verwendet werden, beispielsweise die Gemüsebrühe, Seite 94, oder die Champignonsoße, Seite 99.)

■ Für die Füllung die getrockneten Tomaten und den Feta in Stücke schneiden. Die Kirschtomaten waschen und ebenfalls in Stücke schneiden. Die Zucchini waschen und fein reiben. Die Petersilie waschen, trocken tupfen, die Blättchen abzupfen und fein hacken. Alles in einer Schüssel miteinander verrühren und mit Salz und Pfeffer abschmecken. Den Backofen auf 180 °C Ober- und Unterhitze (160 °C Umluft) vorheizen.

■ Die Masse mit einem Teelöffel in die Champignons füllen. Eine Auflaufform mit Backpapier auslegen und die gefüllten Champignons hineinsetzen, dann mit einem Pinsel mit dem Olivenöl bestreichen. Die Auflaufform in den vorgeheizten Ofen stellen und 15 Minuten backen. Die Champignons auf 2 Teller verteilen.

Blattspinat mit **Erdnuss**soße

Für 2 Portionen

500 g Blattspinat
1/2 Zwiebel
1 EL Sonnenblumenöl
100 g Erdnussmus
1 TL Limettensaft
5 EL Kokosmilch
1 Msp. Chilipulver
Salz
Pfeffer aus der Mühle
2 EL Erdnussöl
2 EL Sesam

■ Den Blattspinat waschen und verlesen. Entweder einige Minuten in einem Dampfgarer dämpfen oder in einem Topf tropfnass zusammenfallen lassen. Den Blattspinat anschließend in einem Sieb abtropfen lassen.

■ Die halbe Zwiebel schälen und fein hacken. Das Sonnenblumenöl in einem Topf erhitzen und die Zwiebel darin glasig dünsten. Nach 1 bis 2 Minuten das Erdnussmus, den Limettensaft und die Kokosmilch hinzugeben. Das Ganze 2 bis 3 Minuten unter Rühren garen, bis das Erdnussmus geschmolzen ist. Chili, Salz und Pfeffer hinzugeben.

■ In einer Pfanne 1 EL Erdnussöl auf mittlerer Stufe erhitzen und den Sesam darin kurz anrösten. Den Blattspinat in einer Schüssel anrichten und 1 EL Erdnussöl darauf verteilen. Die warme Erdnusssoße darübergeben und mit dem gerösteten Sesam garnieren.

Gefüllte Datteln mit Walnüssen und **Roquefort**

Für 2 Portionen

10 getrocknete Datteln
100 g Roquefort (oder ein anderer Blauschimmelkäse, z. B. Bleu d'Auvergne)
50 g Walnusskerne
1 TL Olivenöl
etwas Pfeffer aus der Mühle

■ Die Datteln mit einem Messer einschneiden und entsteinen. Den Roquefort und die Walnüsse in einem Mixer pürieren. Mit dem Olivenöl und dem Pfeffer in einer Schüssel zu einer cremigen Masse verrühren.

■ Die Walnuss-Roquefort-Masse mit einem Teelöffel in die entsteinten Datteln geben und auf 2 Tellern anrichten.

Ob bei einem gemütlichen Abend mit Freunden, bei einem Familientreffen oder einem „Supper Club": Die Gefüllten Datteln mit Walnüssen und Roquefort sind perfekte Amuse-Bouches. Für eine größere Gästezahl können die Datteln zusammen mit den Gurkenhäppchen mit Cranberries (Seite 71) und den Caprese-Sticks (Seite 88) zu einer bunten Fingerfood-Platte kombiniert werden.

Tipp

Wenn Sie keinen leistungsstarken Mixer haben, können Sie die Nüsse über Nacht in Wasser einweichen. So lassen sie sich am nächsten Tag leichter zerkleinern.

Gemüse-Carpaccio

Für 2 Portionen

1 Gelbe Bete (alternativ Rote Bete)
1 kleiner Kohlrabi
1 Möhre
50 g Frischkäse
1 TL Honig
1 EL Olivenöl
1/2 TL getrockneter Thymian
Salz
Pfeffer aus der Mühle
2 EL Pinienkerne

■ Wasser zum Kochen bringen und die Gelbe Bete etwa 45 Minuten auf mittlerer Stufe köcheln lassen. Inzwischen den Kohlrabi schälen, waschen und mit einem V-Hobel oder einer Reibe in dünne Scheiben hobeln. Die Möhre putzen, schälen, waschen und mit einem Sparschäler ebenfalls in dünne Scheiben schneiden.

■ In einem zweiten Topf Wasser aufkochen und die Kohlrabi- und Möhrenscheiben darin 2 bis 3 Minuten blanchieren. Das Gemüse in ein Sieb abgießen und mit kaltem Wasser abschrecken.

■ Dann den Frischkäse in einer Schale mit Honig, Olivenöl sowie dem getrockneten Thymian verrühren und mit Pfeffer und Salz abschmecken. Die Pinienkerne in einer Pfanne ohne Öl kurz goldbraun rösten.

■ Nach dem Ende der Garzeit die Gelbe Bete in ein Sieb abgießen, mit kaltem Wasser abschrecken, oben und unten jeweils ein kleines Stück abschneiden und die Haut mit den Fingern ablösen. Die Gelbe Bete ebenfalls in dünne Scheiben hobeln.

■ Jeweils einige Kohlrabischeiben und Gelbe-Bete-Scheiben abwechselnd auf einer Servierplatte auftürmen, zum Schluss die Möhrenscheiben auf den Türmchen anrichten. Den Frischkäse mit einem Teelöffel auf den Türmchen verteilen und mit den Pinienkernen garnieren.

Laden Sie Ihre Freunde doch mal zum „Clean Dinner" ein. Hier finden Sie meinen Vorschlag für ein perfekt abgestimmtes Menü.

- Amuse-Bouche/kalte Vorspeise: Gurkenhäppchen mit Cranberries, Caprese-Sticks, gefüllte Datteln mit Walnüssen und Roquefort, Gemüsecarpaccio
- Suppe: Tomaten-Paprika-Hirse-Suppe mit Ziegenfrischkäse
- Warme Vorspeise: Kürbis-Quinotto, außerhalb der Kürbiszeit mit Zucchini zubereitet
- Hauptgericht: Haselnuss-Reis im Mangoldmantel auf Gemüse-Sugo
- Dessert: Kokos-Himbeer-Dessert, außerhalb der Himbeersaison entweder durch Tiefkühl-Himbeeren oder Früchte der Saison ersetzen

Kohlrabicremesuppe

Für 2 Portionen

1–2 Kohlrabis
(500 g mit Schale gewogen)
1/2 l Gemüsebrühe
75 g Schmand
(alternativ 75 ml Hafer-/Sojasahne)
1/2 TL frisch geriebene Muskatnuss
Salz
Pfeffer aus der Mühle

■ Kohlrabi schälen, waschen und in Stücke schneiden. Die Gemüsebrühe in einem großen Topf zum Kochen bringen. Die Kohlrabistücke darin 15 Minuten bei mittlerer Temperatur köcheln lassen.

■ Anschließend den Schmand oder die Pflanzensahne hinzugeben und die Suppe mit einem Pürierstab pürieren. Muskatnuss unterrühren und die Suppe mit Pfeffer und Salz abschmecken.

Solch eine Gemüsecremesuppe ist unkompliziert und lässt sich je nach Saison mit unterschiedlichem Gemüse oder einer Kombination mehrerer Sorten zubereiten. Lecker schmecken beispielsweise auch Möhren, Knollensellerie oder Pastinaken. Ist der Hunger größer, ersetzen Sie einen Teil des Gemüses durch Kartoffeln.

Gurkensalat mit **Honig-Senf-Dill-Dressing**

Für 2 Portionen

1 Gurke
1 rote Zwiebel
2 EL Olivenöl
1 TL Honig (alternativ Agavendicksaft)
1 EL Senf
2 Stängel Dill
Salz
Pfeffer aus der Mühle

■ Die Gurke waschen und in Scheiben schneiden. Die Zwiebel schälen und in feine Spalten schneiden. Olivenöl, Honig und Senf in einer Schüssel verrühren. Den Dill waschen und trocken tupfen, die Dillfähnchen abzupfen und zum Dressing geben. Das Dressing mit Salz und Pfeffer abschmecken.

■ Gurkenscheiben und Zwiebelspalten in eine Schüssel geben und das Dressing unterheben.

■ Für die vegane Variation den Salat auf die gleiche Weise zubereiten, dabei anstelle des Honigs Agavendicksaft verwenden.

Risotto-Kugeln mit Spinat und Feta

Für 2 Portionen

100 g Blattspinat
50 g Vollkornreis
100 ml Gemüsebrühe
100 g Feta
2 Stängel Petersilie
1 EL Vollkornbrotbrösel
2 EL Olivenöl

■ Den Blattspinat waschen und verlesen. Den Vollkornreis in der Gemüsebrühe in etwa 15 Minuten gar kochen. Einige Minuten vor Ende der Garzeit den Blattspinat hinzugeben und unterrühren. Den Backofen auf 200 °C Ober- und Unterhitze (180 °C Umluft) vorheizen.

■ Den Reis und den Blattspinat in einem Sieb abtropfen lassen, überschüssiges Wasser ausdrücken. Die Reis-Spinat-Mischung in eine Schüssel geben. Den Feta mit einer Gabel zerbröseln und unter die Reis-Spinat-Mischung rühren. Die Petersilie waschen, die Blättchen abzupfen, fein hacken und unter die Reismasse rühren. Zum Schluss die Vollkornbrotbrösel unterrühren.

■ Mit den Händen 6 tischtennisballgroße Kugeln aus der Reismasse formen. Auf ein mit Backpapier ausgelegtes Backblech legen und mit Olivenöl bestreichen. Etwa 15 Minuten im vorgeheizten Ofen backen. Die Reisbällchen auf 2 Tellern anrichten.

Tomaten-Zucchini-**Gratin**

Für 2 Portionen

2 Zucchini (je 1 gelbe und 1 grüne)
2 große Tomaten
1 Zwiebel
5–6 EL Olivenöl
1 Knoblauchzehe
Salz
Pfeffer aus der Mühle
2 Zweige Thymian

■ Zucchini und Tomaten waschen, putzen und in etwa 1 cm dicke Scheiben schneiden. Die Zwiebeln schälen und fein hacken.

■ Den Backofen auf 200 °C Ober- und Unterhitze (180 °C Umluft) vorheizen. 2 EL Olivenöl in einer Pfanne erhitzen und die Zwiebeln darin glasig dünsten. 1 große oder 2 kleine Auflaufformen mit etwas Olivenöl einpinseln und die Zucchini- und Tomatenscheiben abwechselnd dachziegelartig einschichten.

■ Dann den Knoblauch schälen und durchpressen. Mit 2 EL Olivenöl, Pfeffer und Salz verrühren und über das Gemüse geben. Den Thymian waschen, trocken tupfen, die Blättchen von den Stielen streifen und auf dem Gemüse verteilen. Das Gratin im vorgeheizten Ofen 15 Minuten backen.

Fruchtiger **Salat**

Für 2 Portionen

200 g Rucola
1/2 Gurke
2 kleine Äpfel
1 TL Zitronensaft
200 g Kirschtomaten
1 Zwiebel
4 getrocknete Datteln

■ Den Rucola waschen, trocken tupfen und verlesen. Die Gurke waschen und in Stücke schneiden. Die Äpfel waschen, entkernen und in dünne Scheiben schneiden. Anschließend mit Zitronensaft beträufeln.

■ Die Kirschtomaten waschen und halbieren. Die Zwiebel schälen und in dünne Streifen schneiden. Die Datteln entkernen und ebenfalls in dünne Streifen schneiden.

■ Für das Dressing den Orangensaft, Senf, Honig, Olivenöl und Pfeffer verrühren. Den Salat mit dem Dressing anrichten.

1 EL Orangensaft
1 EL Senf
1 TL Honig (alternativ Agavendicksaft)
1 TL Olivenöl
1 Prise Pfeffer

Natürlich
frisch
einfach
gut

Special: **Salat** im Baukastensystem

Vor allem in der warmen Jahreszeit ist ein leckerer Salat ein perfektes, leichtes Hauptgericht. Mit diesem Baukastensystem aus fünf Elementen können Sie Ihren Salat jeden Tag anders kombinieren – so bleibt es abwechslungsreich.

Die Basis: Kombinieren Sie pro Portion etwa zwei Hände voll Blatt- oder Pflücksalat. Den gewaschenen Salat gründlich trocken schleudern oder abtropfen lassen, denn auf feuchten Blättern haftet das Dressing nicht.
Das Gemüse: Wählen Sie zwei bis drei Gemüsesorten nach Saison, pro Portion ein bis zwei Hände voll.
Die Extras: Ergänzen Sie den Salat um je eine halbe Handvoll sättigender Zutaten, z. B. Käse, sonnengetrocknete Tomaten, Oliven, Avocado oder Hülsenfrüchte.
Das Dressing: Die Basis ist ein hochwertiges, kaltgepresstes Öl. Hinzu kommen Zitronensaft, Essig (ohne zugesetzten Zucker und Farbstoffe) oder Milchprodukte, alternativ auch vegane Varianten wie Sojajoghurt oder Nussmus. Abgerundet wird es mit Gewürzen und Knoblauch, Zwiebeln oder Schalotten. Das Dressing kann für mehrere Salate vorbereitet und einige Tage im Kühlschrank aufbewahrt werden.
Die Toppings: Wählen Sie zwischen Nüssen und Kernen, Samen, frischen Kräutern oder selbst gezogenen Sprossen.

Hier einige Vorschläge für schnelle Dressings. Einfach die Zutaten in ein Schraubglas geben und kräftig schütteln.
Thymian-Senf-Dressing: 2 EL Olivenöl, 1/2 TL getrockneter Thymian, 1 TL Senf, 1 EL Frischkäse, Salz, Pfeffer
Limetten-Vinaigrette: 1 EL Olivenöl, 1 TL Limettensaft, 1 EL Dijon-Senf, 1/2 gehackte Schalotte, Salz, Pfeffer
Joghurt-Minz-Dressing: 2 EL Joghurt, 2 Blätter gehackte frische Minze, 1 TL Limettensaft, 1 TL Agavendicksaft, Salz, Pfeffer
Italienisches Dressing: 2 EL Olivenöl, 1 TL Balsamicoessig, 1 TL Wasser, 1 durchgepresste Knoblauchzehe, je 1/2 TL getrockneter Basilikum und Oregano

Caprese-Sticks

Für 2 Portionen

10 Kirschtomaten (ca. 150 g)
5 Mini-Mozzarellas (ca. 50 g)
20 g getrocknete Tomaten
3–4 Zweige Basilikum
1 EL Olivenöl
1 EL Balsamicoessig
Pfeffer aus der Mühle

■ Die Kirschtomaten waschen und halbieren. Die Mini-Mozzarellas ebenfalls halbieren. Die getrockneten Tomaten in kleine Stücke schneiden

■ Mit je 1 Zahnstocher 1/2 Kirschtomate, 1/2 Mozzarella, 1 Stück getrocknete Tomate und nochmals 1/2 Kirschtomate aufspießen. Auf diese Weise 10 Spieße herstellen.

■ Das Basilikum waschen, trocken tupfen, die Blättchen abzupfen und auf einen Servierteller legen. Die Spieße auf den Basilikumblättern anrichten, mit Olivenöl und Balsamicoessig beträufeln und mit Pfeffer bestreuen.

■ Für die vegane Variation die Spieße auf die gleiche Weise zubereiten, dabei anstelle des Mozzarellas Avocado verwenden: Die Avocado entkernen, schälen und in 10 Stücke schneiden. Statt des Mozzarellas mit den Tomaten auf die Spieße stecken.

Variation

10 Kirschtomaten (ca. 150 g)
1/2 Avocado
20 g getrocknete Tomaten
3–4 Zweige Basilikum
1 EL Olivenöl
1 EL Balsamicoessig
Pfeffer aus der Mühle

Spargelpfanne mit Bohnen und Tomaten

Für 2 Portionen

80 g grüne Bohnen
1 Bund grüner Spargel (ca. 500 g)
250 g Kirschtomaten
1 Bund Frühlingszwiebeln
1 Zwiebel
1 Knoblauchzehe
40 g getrocknete Tomaten
25 g Pinienkerne
1 EL Olivenöl
Salz
Pfeffer aus der Mühle
2 Handvoll gemischte Salatblätter
etwas Kresse zum Garnieren

■ Wasser in einem Topf erhitzen. Die Bohnen waschen, von den Enden befreien, in das kochende Wasser geben und etwa 10 Minuten garen. Anschließend in einem Sieb abtropfen lassen und kalt abschrecken.

■ Inzwischen etwa 2 bis 3 cm der Spargelenden abschneiden, gegebenenfalls das untere Drittel des Spargels schälen. Die Kirschtomaten waschen und halbieren. Die Frühlingszwiebeln in Ringe schneiden. Die Zwiebel schälen und fein würfeln. Die Knoblauchzehe schälen und durchpressen. Die Pinienkerne in einer Pfanne ohne Öl rösten und herausnehmen.

■ Dann das Olivenöl in einer Pfanne erhitzen, die Frühlingszwiebeln, die Zwiebel und den Knoblauch 1 bis 2 Minuten darin andünsten. Den Spargel, die Kirschtomaten, die getrockneten Tomaten und die Bohnen hinzugeben und etwa 5 Minuten braten. Zwischendurch umrühren. Mit Salz und Pfeffer abschmecken. Den Salat waschen, trocken tupfen und auf 2 Tellern anrichten. Das Gemüse darauf verteilen und mit Kresse garnieren.

kapitel 4

Haupt**speisen**

Die Hauptgerichte, die ich für Sie zusammengestellt habe, schmecken als eigenständige Mahlzeit oder als Teil eines Menüs. Für jeden Geschmack ist etwas dabei und Sie werden garantiert satt. Alle Hauptgerichte sind vegetarisch, viele auch vegan. Außerdem sind sie clean, leicht verdaulich und natürlich lecker – denn so soll ein gesundes Mittag- oder Abendessen sein. Wer nach einem stressigen Tag nach Hause kommt oder Mittags nur wenig Zeit hat, braucht eine gesunde Mahlzeit, die schnell zubereitet ist und gut schmeckt, ohne schwer im Magen zu liegen. Die meisten Gerichte lassen sich bequem transportieren. So können Sie Ihre Mahlzeiten ganz einfach vorbereiten und in einer Dose mit zur Arbeit nehmen. Außerdem stellen Sie so sicher, dass Sie sich auch unterwegs clean ernähren können und genügend Energie und Nährstoffe bekommen.

Natürlich
frisch
einfach
gut

Asiatische **Sommerrollen** mit Mango- und **Erdnusssoße**

Für 2 Portionen

1/2 Rote Bete
100 g Reisnudeln
2 Möhren
1/2 Gurke
6 Reispapier-Blätter (z. B. aus dem Asia-Laden)

Für die Erdnusssoße
1 kleine Zwiebel
1 EL Erdnussöl
100 g Erdnussmus
1 TL Limettensaft
5 EL Kokosmilch
1 Msp. Chilipulver
1 Prise Salz
1 Prise Pfeffer aus der Mühle

■ Wasser in einem Topf zum Kochen bringen. Die Rote Bete ungeschält etwa 30 Minuten auf mittlerer Stufe köcheln lassen.

■ Inzwischen für die Erdnusssoße die Zwiebel schälen und fein hacken. In einem Topf das Erdnussöl erhitzen und die Zwiebel darin glasig dünsten. Nach 1 bis 2 Minuten das Erdnussmus, den Limettensaft und die Kokosmilch hinzugeben. Weitere 2 bis 3 Minuten unter Rühren garen, bis das Erdnussmus geschmolzen ist. Die Soße mit Chili, Salz und Pfeffer abschmecken.

■ Für die Mangosoße das Mangofruchtfleisch vom Stein abschneiden, schälen und in Stücke schneiden. Mit den restlichen Zutaten für die Soße in einem Mixer mixen oder mit einem Pürierstab pürieren.

■ Die Reisnudeln nach Packungsanleitung in Wasser kochen. Die Möhren und die Gurke putzen, eventuell schälen, waschen und in Stifte schneiden

■ Nach der Garzeit die Rote Bete in einem Sieb abtropfen lassen und mit kaltem Wasser abschrecken. Oben und unten jeweils ein kleines Stück abschneiden und die Haut mit den Fingern ablösen. Dabei am besten Handschuhe tragen, da die Rote Bete stark abfärbt. Die Rote Bete dann ebenfalls in Stifte schneiden.

■ In einem großen Topf Wasser auf etwa 40 °C erhitzen. Die Reisblätter einzeln eintauchen und sofort wieder herausnehmen, wenn sie weich und biegsam sind. Die Reisblätter dann auf ein feuchtes Küchentuch legen.

■ Anschließend die Reispapierblätter in der Mitte mit den Reisnudeln und den Gemüsestiften belegen, sodass an den Seiten, oben und unten noch ausreichend Platz ist. Das Reispapier jeweils oben und unten, rechts und links über die Füllung klappen und fest zusammenwickeln. Die Sommerrollen mit der Mango- und Erdnusssoße servieren.

Für die Mangosoße
1/2 Mango (ca. 150 g)
2 EL weißer Balsamicoessig
1 EL Olivenöl
1 EL Limettensaft
1 Prise Salz
1 Prise Pfeffer aus der Mühle
1/2 TL Zimtpulver

Reispapier wird aus Reismehl und Wasser hergestellt. Dadurch ist das fast durchsichtige Reispapier besonders gut für Allergiker geeignet, denn es enthält weder Gluten, noch Eier oder Milcheiweiß. Außerdem ist es fett- und kalorienarm. Erhältlich ist es in Asia-Läden und gut sortierten Supermärkten. Die Sommerrollen sind vitaminreich und fettarm und stellen so eine gesunde und leckere Alternative zu frittierten Frühlingsrollen dar. Ihre Füllung kann immer wieder variiert werden. Auch zum Mitnehmen eignen sie sich hervorragend.

Grundrezept
Gemüsebrühe

Für etwa 1,2 l

1 Zwiebel
1 Knoblauchzehe
2 Pastinaken
2 Möhren
1/2 Knollensellerie
5 Champignons
1 Fenchelknolle
1 Tomate
2 EL Olivenöl
1 getrocknetes Lorbeerblatt
4 schwarze Pfefferkörner
1 EL getrockneter Thymian
1 EL getrockneter Rosmarin

■ Zwiebel und Knoblauch schälen und würfeln. Pastinaken, Möhren und Knollensellerie putzen und schälen. Champignons, Fenchel und Tomaten waschen und putzen. Das Gemüse in Würfel schneiden.

■ Das Olivenöl in einem großen Topf erhitzen und das Gemüse darin 1 bis 2 Minuten andünsten. Lorbeer, Pfefferkörner und Kräuter hinzugeben und mit 2 Litern Wasser ablöschen. Einmal aufkochen lassen und dann bei geringer Temperatur 50 bis 60 Minuten köcheln lassen. Anschließend die Gemüsebrühe durch ein Sieb gießen.

■ Die Gemüsebrühe lässt sich im Kühlschrank etwa 3 Tage aufbewahren. Eingefroren hält sie etwa 6 Monate. Eine größere Portion kann in einem Gefrierbeutel eingefroren werden, für kleine Portionen eignen sich Eiswürfelbehälter.

■ Alternativ kann die Brühe auch in Einmachgläsern etwa 3 Monate aufbewahrt werden. Dafür 3 Einmachgläser à 400 ml mit kochend heißem Wasser ausspülen. Dann die kochend heiße Brühe in die Gläser gießen, mit Deckeln verschließen, umdrehen und 5 Minuten auf den Deckeln stehen lassen. Anschließend die Gläser wieder umdrehen und kühl aufbewahren.

Viele meiner Hauptgerichte haben Gemüsebrühe als Basis. Die meisten der im Supermarkt erhältlichen Konzentrate wie Brühwürfel oder Pulver enthalten viel Salz, dazu Fett und Geschmacksverstärker und sind damit alles andere als clean. Eine hausgemachte Gemüsebrühe ist nicht nur einfach zubereitet, sie kommt auch ohne Zusatzstoffe aus – und ist dennoch sehr intensiv im Aroma. Meine Gemüsebrühe besteht nur aus frischem Gemüse, Gewürzen und Wasser.

Haselnuss-Reis im Mangold-mantel auf **Gemüsesugo**

Für 2 Portionen

1/2 l Gemüsebrühe
120 g Vollkornreis
6 Mangoldblätter
1/2 Bund Petersilie
40 g Haselnüsse
100 g Frischkäse
Salz
Pfeffer aus der Mühle
2 Tomaten
1/2 rote Paprikaschote
1/2 Aubergine
1 Zwiebel
1 EL Olivenöl
1 EL Tomatenmark
Oregano zum Garnieren

■ 1/4 l Gemüsebrühe zum Kochen bringen und den Reis darin nach Packungsanweisung garen. Die Mangoldblätter waschen, die Stiele abschneiden und in kochendem Wasser etwa 1 Minute blanchieren. Anschließend 10 Sekunden in einer Schüssel mit kaltem Wasser abschrecken. Auf Küchenpapier oder einem Geschirrtuch abtropfen lassen.

■ Die Petersilie waschen, die Blättchen abzupfen, trocken tupfen und fein hacken. Die Haselnüsse ebenfalls fein hacken. Beides mit dem Frischkäse verrühren und mit Salz und Pfeffer abschmecken.

■ Tomaten, Paprika und Aubergine waschen und putzen, Paprika entkernen und das Gemüse in Stücke schneiden. Die Zwiebel schälen und fein würfeln. Das Olivenöl in einem Topf erhitzen und die Zwiebel darin glasig dünsten. Das Gemüse hinzugeben und mit der restlichen Gemüsebrühe ablöschen. Das Tomatenmark unterrühren und das Gemüse 10 Minuten köcheln lassen.

■ Den gegarten Reis abgießen und gut abtropfen lassen. Mit der Frischkäsemischung verrühren. Die Mangoldblätter nebeneinander auf die Arbeitsfläche legen. Je 1 gehäuften EL der Reismischung auf die Mitte der Blätter geben. Die Längsseiten der Blätter nach innen einschlagen und die Blätter dann von unten nach oben zusammenrollen. Mit je 1 Zahnstocher fixieren. Den Gemüsesugo auf 2 Teller geben und die Mangoldröllchen darauf anrichten. Mit Oregano garniert servieren.

Tomaten-Paprika-Hirse-Suppe mit Ziegenfrischkäse

Für 2 Portionen

250 g Paprikaschoten
400 g Tomaten
1 Zwiebel
1 Knoblauchzehe
1 EL Olivenöl
200 ml Gemüsebrühe
4 EL Hirse
150 g Ziegenfrischkäse
Salz
Pfeffer aus der Mühle
Chilipulver
1 TL getrockneter Thymian
1 TL getrocknetes Basilikum
1 TL getrockneter Oregano
etwas getrockneten Thymian und getrocknete Paprikastücke zum Garnieren

■ Die Paprikaschoten waschen, putzen, halbieren und entkernen. Mit der Haut nach oben nebeneinander auf ein Backblech legen, den Backofengrill auf hohe Temperatur einstellen. Die Paprikaschoten so lange rösten, bis die Haut schwarz ist und Blasen wirft. Die Paprika mit einem feuchten Küchentuch bedecken, abkühlen lassen und enthäuten.

■ Die Tomaten vom Strunk befreien und in kleine Stücke schneiden. Die Zwiebel schälen und fein hacken, die Knoblauchzehe schälen und durchpressen. Die geröstete Paprika klein schneiden.

■ Das Olivenöl in einem Topf erhitzen, Zwiebel und Knoblauch darin glasig dünsten. Dann die Tomaten und die geröstete Paprika hinzugeben. Mit Gemüsebrühe ablöschen und die Hirse hinzugeben. Alles 10 Minuten köcheln lassen und anschließend pürieren.

■ Den Ziegenfrischkäse hinzugeben und mit Salz, Pfeffer, Chilipulver und den Kräutern abschmecken. Die Suppe auf 2 Teller verteilen und mit getrocknetem Thymian und getrockneten Paprikastücken bestreut servieren.

Wenn Sie eine vegane Variante zubereiten möchten: Die Suppe schmeckt auch ohne den Ziegenfrischkäse sehr lecker!

Das Enthäuten der Paprikaschoten ist relativ aufwendig, gibt den Schoten aber einen intensiven Geschmack mit leichtem Räucheraroma. Sie können gleich eine größere Menge enthäuten und in den nächsten Tagen für andere Gerichte verwenden, beispielsweise den Hirse-Salat mit Zitronen-Senf-Dressing [Seite 98].

Hirse-Salat mit Zitronen-Senf-Dressing

Für 2 Portionen

250 g Paprikaschoten
120 g Hirse
1/2 l Gemüsebrühe
1/2 Gurke
1/2 Bund Petersilie
1/2 unbehandelte Zitrone
1 Knoblauchzehe
2 TL Senf
2 EL Olivenöl
1 Msp. Chilipulver
Salz
Pfeffer aus der Mühle

■ Die Paprikaschoten waschen, putzen, halbieren und entkernen. Mit der Haut nach oben nebeneinander auf ein Backblech legen, den Backofengrill auf hohe Temperatur einstellen. Die Paprikaschoten so lange rösten, bis die Haut schwarz ist und Blasen wirft. Die Paprika mit einem feuchten Küchentuch bedecken, abkühlen lassen und enthäuten.

■ Die Hirse nach Packungsanweisung in der Gemüsebrühe garen. Die Gurke waschen, nach Wunsch schälen und in mundgerechte Stücke schneiden. Die Paprika ebenfalls in Stücke schneiden. Die Petersilie waschen, die Blättchen abzupfen und grob hacken.

■ Die Hirse mit einer Gabel auflockern, in eine Salatschüssel geben und etwas abkühlen lassen. Gurke, Paprika und Petersilie unter die Hirse heben.

■ Dann die unbehandelte Zitrone waschen und die Schale abreiben, den Saft der Zitrone auspressen. Die Knoblauchzehe schälen und durchpressen. Die Zitronenschale mit dem Zitronensaft, Knoblauch, Senf, Olivenöl, Chili, Salz und Pfeffer zu einem Dressing verrühren. Das Zitronen-Senf-Dressing unter den Hirse-Salat heben.

Der Hirse-Salat ist super zum Mitnehmen geeignet! Wenn Sie ihn in der Mittagspause essen möchten, können Sie ihn schon am Vorabend zubereiten. Die Petersilie sollten Sie erst am nächsten Tag zugeben.

Dinkelvollkorn**nudeln** mit Champignons und **Pesto**

Für 2 Portionen

Für das Bärlauchpesto
1/2 Bund Bärlauch
1 EL Pinienkerne
1 EL frisch geriebener Parmesan
25 ml Olivenöl
Salz
Pfeffer aus der Mühle

■ Den Bärlauch waschen, die Stiele abschneiden und die Blätter fein hacken. Mit den Pinienkernen, dem Parmesan, Olivenöl, Salz und Pfeffer in einem Mixer zerkleinern oder mit einem Pürierstab pürieren.

■ Die Champignons waschen, putzen und in Scheiben schneiden. Die Zwiebel schälen und fein hacken. Die Nudeln nach Packungsanleitung in reichlich Wasser bissfest kochen.

■ In einer Pfanne das Olivenöl erhitzen und die Zwiebel darin glasig dünsten. Dann die Champignons dazugeben und 2 bis 3 Minuten andünsten, dabei öfter umrühren. Dann mit der Sahne ablöschen. 5 Minuten auf niedriger Stufe köcheln lassen. Mit Salz und Pfeffer abschmecken.

■ Die Nudeln abgießen und abtropfen lassen. Auf 2 Tellern zusammen mit der Champignonsoße anrichten und das Bärlauchpesto dazu reichen.

Für die Nudeln und die Soße
250 g Champignons
1 Zwiebel
250 g Dinkelvollkornnudeln
Salz
1 EL Olivenöl
200 ml Sahne
Salz
Pfeffer aus der Mühle

Indisches **Linsen-Mangold-Curry**

Für 2 Portionen

1 Staude Mangold
1 Zwiebel
1 Knoblauchzehe
1 EL Olivenöl
200 g Rote Linsen
300 ml Kokosmilch
300 ml Gemüsebrühe
1 EL Limettensaft
1/2 Bund Koriander
gemahlener Kreuzkümmel
Chilipulver
Currypulver
Salz
Pfeffer aus der Mühle

■ Den Mangold waschen, putzen und in Streifen schneiden. Die Zwiebel schälen und fein würfeln. Den Knoblauch schälen und durchpressen.

■ Das Olivenöl in einem Topf erhitzen und die Zwiebel und den Knoblauch darin glasig dünsten.

■ Die Roten Linsen und den Mangold hinzugeben und mit Kokosmilch, Gemüsebrühe und Limettensaft ablöschen. Einmal aufkochen lassen und dann bei geringer Temperatur 10 Minuten köcheln lassen, bis die Flüssigkeit eingekocht ist. Zwischendurch umrühren.

■ Den Koriander abspülen, trocken tupfen, die Blättchen abzupfen und fein hacken.

■ Das Gericht mit den Gewürzen abschmecken, den Koriander unterheben und das Curry auf 2 Tellern anrichten.

Außerhalb der Mangoldsaison kann auch Blattspinat genommen werden. Statt Koriander kann auch Petersilie zum Einsatz kommen.

Bunter **Quinoa**-Salat

Für 2 Portionen

100 g weiße Quinoa
200 ml Gemüsebrühe
1 Möhre
1/2 Gurke
1 gelbe Paprikaschote
1/2 Bund Radieschen
2 Tomaten
1 rote Zwiebel
1/2 Bund Petersilie
3 EL Olivenöl
Saft von 1/2 Zitrone
Salz
Pfeffer aus der Mühle

■ Die Quinoa in einem Sieb so lange mit kaltem Wasser abspülen, bis es klar bleibt. Quinoa in der Gemüsebrühe 15 Minuten kochen.

■ Möhre, Gurke, Paprika, Radieschen und Tomaten putzen und waschen, die Möhre schälen, die Paprika entkernen Das Gemüse in mundgerechte Stücke schneiden. Die Zwiebel schälen und in feine Streifen schneiden. Die Petersilie waschen, trocken tupfen, die Blättchen abzupfen und fein hacken.

■ Die gegarte Quinoa in einem Sieb abtropfen lassen. Das Gemüse mit der Quinoa in einer Salatschüssel vermengen. Olivenöl, Zitronensaft, Salz und Pfeffer zu einem Dressing verrühren und unterheben.

Der bunte Quinoa-Salat ist ein perfekter Sommersalat und kann warm und kalt gegessen werden. So macht auch Kindern gesundes Essen Spaß! Er ist vegan und glutenfrei.

Natürlich
frisch
einfach
gut

Special:

Pseudogetreide

Im Gegensatz zu Getreide sind Pseudogetreide nicht backfähig, da sie kein Gluten (Klebereiweiß) enthalten. Daher sind sie auch für Allergiker geeignet. Sie liefern neben pflanzlichem Protein hochwertige Kohlenhydrate und Ballaststoffe, gesunde essentielle Fettsäuren, B-Vitamine und viele Mineralstoffe wie Eisen, Kalzium, Kalium und Magnesium. Die bekanntesten Pseudogetreide sind Quinoa, Amaranth und Buchweizen.

Quinoa ist sehr vielseitig. Sie wird wie Reis zubereitet und beispielsweise als Beilage, als Burger, Auflauf, Porridge oder im Salat gegessen. Wichtig ist, dass Quinoa vor dem Kochen gründlich gewaschen wird, sodass die enthaltenen Bitterstoffe (Saponine) ausgespült werden. Besonders bei Kleinkindern unter zwei Jahren können diese Stoffe zu Unverträglichkeiten führen, weshalb sie keine Quinoa essen sollten. Das Pseudogetreide gibt es in Weiß, Rot und Schwarz; es hat einen nussigen Geschmack.

Amaranth kann gekocht oder gepufft gegessen werden. Gepufft schmeckt es im Müsli oder in Overnight Oats. Gepufftes Amaranth lässt sich ganz einfach selbst herstellen: Die Körner in einen Topf geben und ohne Fett erhitzen, bis sie aufhören zu puffen. Gekocht kann Amaranth im Porridge verwendet werden, als Beilage oder für Salate.

Buchweizen schmeckt leicht nussig und kann ebenfalls süß oder herzhaft zubereitet werden. Es eignet sich geröstet für Müsli, Joghurt oder Quark, gekocht in Suppen, zum Backen von Pfannkuchen oder als Burger.

Sellerieschnitzel im **Kokosmantel** mit Curry-**Mango**-Soße

Für 2 Portionen

1 Knollensellerie
400 ml Kokosmilch
200 ml Gemüsebrühe
200 g Vollkornreis
1 Mango
1 EL Currypulver
Salz
Pfeffer aus der Mühle
50 g Kokosmehl
2 EL Kokosöl

■ In einem großen Topf Wasser zum Kochen bringen. Den Sellerie schälen, waschen und in 1,5 bis 2 cm dicke Scheiben schneiden, die Scheiben in das kochende Wasser geben und 10 Minuten bei mittlerer Temperatur köcheln lassen.

■ Inzwischen 300 ml Kokosmilch und 100 ml Gemüsebrühe in einem zweiten Topf aufkochen. Den Reis zufügen und ebenfalls auf mittlerer Stufe 15 Minuten köcheln lassen.

■ Das Mango-Fruchtfleisch vom Stein abschneiden und die Schale ebenfalls abschneiden. Mit 100 ml Kokosmilch und 100 ml Gemüsebrühe mixen oder pürieren. Anschließend in einem kleinen Topf einmal aufkochen. Mit Curry, Salz und Pfeffer würzen.

■ Die Selleriescheiben in einem Sieb abtropfen lassen, kalt abschrecken und trocken tupfen. Das Kokosmehl mit 200 ml Wasser verrühren. Die Kokospanade mit den Händen an die Selleriescheiben drücken.

■ Das Kokosöl in einer Pfanne erhitzen und die Sellerieschnitzel darin von beiden Seiten 2 bis 3 Minuten goldbraun braten. Mit dem Reis und der Mango-Curry-Soße anrichten.

Die Schnitzel schmecken auch sehr gut mit Kohlrabi anstatt Sellerie. Das Gericht ist glutenfrei, vegan und laktosefrei. Das zum Panieren verwendete Kokosmehl ist von Natur aus glutenfrei und besonders nährstoffreich. Es eignet sich hervorragend zum Kochen und Backen.

Asiatische **Pilz-Gemüse-Pfanne** in Kokossoße

Für 2 Portionen

25 g getrocknete Austernseitlinge
25 g getrocknete Shiitake-Pilze
6 Frühlings-zwiebeln
1 Knoblauchzehe
2 Möhren
1/4 Chinakohl
1 rote Paprika-schote
1 TL Kokosöl
100 g Erbsen (TK)
400 ml Kokos-milch
2 EL Sojasoße
1 EL Sesam

■ Die getrockneten Pilze unter fließendem Wasser abspülen und etwa 20 Minuten in Wasser einweichen. Anschließend in einem Sieb abtropfen lassen.

■ Inzwischen die Frühlingszwiebeln waschen, putzen und in Ringe schneiden. Die Knoblauchzehe schälen und durchpressen. Die Möhren putzen, schälen, waschen und in dünne Scheiben schneiden.

■ Den Chinakohl vom Strunk befreien, in Streifen schneiden, waschen und abtropfen lassen. Die Paprika putzen, entkernen, waschen und ebenfalls in Streifen schneiden.

■ Das Kokosöl in einer Pfanne erhitzen. Die Frühlingszwiebel und den Knoblauch kurz andünsten, dann das vorbereitete Gemüse, die Erbsen und die Pilze hinzugeben. 5 Minuten unter Rühren braten.

■ Dann Kokosmilch und Sojasoße hinzugeben und weitere 10 Minuten köcheln lassen. Das Gemüse auf 2 Tellern anrichten und mit Sesam bestreut servieren.

Italienischer **Nudelsalat**

Für 2 Portionen

125 g Vollkorn-Farfalle
100 g Rucola
1 rote Zwiebel
100 g Kirschtomaten
100 g getrocknete Tomaten
100 g schwarze, entsteinte Oliven
50 g Parmesan
2 EL Olivenöl
Salz, Pfeffer aus der Mühle

■ Die Vollkorn-Farfalle nach Packungsanleitung in reichlich Wasser bissfest kochen. Inzwischen den Rucola waschen, trocken tupfen, verlesen und von den Stielen befreien. Die Zwiebel schälen und in dünne Streifen schneiden. Die Kirschtomaten waschen und halbieren. Die getrockneten Tomaten in Stücke schneiden. Die Oliven halbieren.

■ Die Nudeln in ein Sieb abgießen, abtropfen lassen und kalt abschrecken. Die vorbereiteten Zutaten in einer Salatschüssel miteinander mischen. Den Parmesan grob raspeln. Olivenöl und Parmesan unter den Salat heben und mit Salz und Pfeffer würzen.

Wirsing-Wraps mit Möhren und Avocado-Dip

Für 2 Portionen

4 Blätter Wirsing
400 g Möhren
2 Schalotten
2 EL Olivenöl
30 g gestiftelte Mandeln
2 Avocados
2 Knoblauchzehen
Saft von 1/2 Zitrone
Salz
Pfeffer aus der Mühle

■ In einem Topf reichlich Wasser zum Kochen bringen. Die Wirsingblätter waschen, 2 Minuten in das kochende Wasser geben, in einem Sieb abtropfen lassen und mit kaltem Wasser abschrecken. Die Blätter abtropfen lassen und mit einem Tuch trocken tupfen.

■ Die Möhren putzen, schälen und waschen. Mit einem Sparschäler in dünne Scheiben schneiden. Die Schalotten schälen und fein würfeln. Das Olivenöl in einer Pfanne erhitzen und die Schalotten und die Mandeln 2 bis 3 Minuten darin andünsten. Dann die Möhrenscheiben und 2 EL Wasser hinzugeben. 5 Minuten bei mittlerer Temperatur köcheln lassen und zwischendurch umrühren.

■ Inzwischen die Avocados schälen, das Fruchtfleisch vom Kern lösen, in grobe Stücke schneiden und in eine Schüssel geben. Den Knoblauch schälen, durchpressen und mit dem Zitronensaft zu der Avocado geben. Alles mit einer Gabel mischen, dabei die Avocado zerdrücken. Den Avocado-Dip mit Salz und Pfeffer abschmecken

■ Die Wirsingblätter auf Teller geben und mit dem Avocado-Dip bestreichen. Dann die Möhren daraufgeben und servieren. Die Wirsing-Wraps können ganz einfach mit den Händen zusammengeklappt und ohne Besteck gegessen werden.

Ratatouille mit Kidneybohnen

Für 2 Portionen

400 g getrocknete Kidneybohnen
1/2 Aubergine
1 Zucchini
400 g Tomaten
1 Paprikaschote
1 Möhre
1 Zwiebel
4 EL Olivenöl
200 ml Gemüsebrühe
1 Knoblauchzehe
1 Bund Kräuter der Provence
50 g getrocknete Tomaten
Salz
Pfeffer aus der Mühle

■ Die getrockneten Kidneybohnen 12 Stunden vorher in reichlich Wasser einweichen. Dann das Wasser abschütten, in einem Topf frisches Wasser aufsetzen und zum Kochen bringen. Die Bohnen 45 Minuten bei mittlerer Temperatur köcheln lassen.

■ Inzwischen Aubergine, Zucchini, Tomaten, Paprika und Möhre putzen und waschen, die Möhre schälen und die Paprika entkernen. Das Gemüse in mundgerechte Würfel schneiden. Die Zwiebel schälen und fein würfeln.

■ Das Olivenöl in einem Topf erhitzen und die Zwiebel darin glasig dünsten. Anschließend das Gemüse hinzugeben und 2 bis 3 Minuten andünsten. Dann mit der Gemüsebrühe ablöschen und weitere 15 Minuten bei mittlerer Temperatur köcheln lassen.

■ Den Knoblauch schälen und durchpressen, die Kräuter waschen, trocken tupfen, die Blättchen abzupfen und fein hacken. Die getrockneten Tomaten in dünne Streifen schneiden. Zum Schluss die Kidneybohnen, die getrockneten Tomaten, den Knoblauch und die Kräuter hinzugeben, kurz erwärmen und mit Salz und Pfeffer abschmecken.

Ratatouille ist ein klassisches veganes Gericht aus der Küche Südfrankreichs, das hier durch die Zugabe von Bohnen variiert und so zu einer sättigenden Hauptmahlzeit wird. Seine besondere Note bekommt das Ratatouille durch seine frischen Kräuter. Kräuter der Provence findet man häufig als Kräutermischung auf Märkten oder in gut sortierten (Bio-)Supermärkten. Die Mischung variiert, dazu gehören Basilikum, Majoran, Oregano, Rosmarin, Lavendel, Salbei, Thymian, Lorbeer und Bohnenkraut.

Grüne-Bohnen-Pfifferling-Pfanne

Für 2 Portionen

25 g Pinienkerne
1 Zwiebel
200 g grüne Bohnen
1 EL Olivenöl
60 g Buchweizen
1/2 l Gemüsebrühe
100 g Pfifferlinge
1/2 Bund Thymian
Salz
Pfeffer aus der Mühle

■ Die Pinienkerne in einer Pfanne ohne Öl rösten und beiseite stellen. Dann die Zwiebel schälen und fein würfeln, die Bohnen putzen, waschen und in Stücke schneiden.

■ Das Olivenöl in einer Pfanne erhitzen und die Zwiebel darin glasig dünsten. Den Buchweizen hinzugeben, mit Gemüsebrühe ablöschen, Bohnen hinzufügen. Das Ganze 20 Minuten köcheln lassen, zwischendurch umrühren.

■ Inzwischen die Pfifferlinge putzen und waschen. Den Thymian waschen und trocken tupfen, die Blättchen abzupfen. Die Pilze nach 20 Minuten in die Pfanne geben und alles weitere 10 Minute köcheln lassen, dabei immer wieder umrühren. Das Gericht mit Salz, Pfeffer und Thymian abschmecken. Auf 2 Teller verteilen und mit den Pinienkernen bestreuen.

Kichererbsensalat mit Tomaten

Für 2 Portionen

140 g getrocknete Kichererbsen
400 g rote und gelbe Kirschtomaten
1/2 Zitrone
4 EL Olivenöl
Salz, Pfeffer aus der Mühle
1/2 Bund Basilikum
1/2 Bund Petersilie

■ Die Kichererbsen 24 Stunden in Wasser einweichen, dann in ein Sieb abgießen und abspülen. Mit frischem Wasser in einem Topf aufsetzen und 30 bis 40 Minuten garen.

■ Inzwischen die Kirschtomaten waschen und halbieren. Den Saft der Zitrone auspressen. Für das Dressing Zitronensaft, Olivenöl, Salz und Pfeffer verrühren. Basilikum und Petersilie waschen, trocken tupfen, die Blättchen abzupfen und fein hacken.

■ Nach der Garzeit die Kichererbsen in ein Sieb abgießen, kalt abspülen und gut abtropfen lassen. In einer Salatschüssel mit den Kirschtomaten mischen. Das Dressing unterheben und mit Basilikum und Petersilie bestreut anrichten.

Dieser Salat ist nicht nur gesund, er eignet sich auch super zum Mitnehmen! Wenn es schnell gehen soll, nehmen Sie 350 g gegarte Kichererbsen aus dem Glas.

Spinat-**Quinoa**-Burger mit Avocado-Dip

Für 4 Stück

Für die Burger
100 g Quinoa
1/4 l Gemüsebrühe
200 g Spinat (TK)
1 Zwiebel
1 Knoblauchzehe
1 EL Senf
2 EL Dinkel-Vollkornmehl
6–8 EL Vollkorn-Haferflocken
1/2 Bund Petersilie
frisch geriebene Muskatnuss
Salz
Pfeffer aus der Mühle
2 EL Sonnenblumenöl

■ Die Quinoa in ein Sieb geben und unter fließendem, kaltem Wasser abspülen, bis das Wasser klar bleibt. Die Quinoa 15 Minuten in der Gemüsebrühe kochen. Den Spinat auftauen lassen (z. B. in der Mikrowelle) und die Flüssigkeit in einem Sieb ausdrücken. Die Zwiebel und den Knoblauch schälen und in feine Würfel schneiden.

■ Den Spinat dann mit Zwiebel, Knoblauch, Senf und dem Dinkel-Vollkornmehl in einen Mixer geben und zu einer homogenen Masse verarbeiten. Die Masse in eine Schüssel geben. Die Quinoa und die Haferflocken unterrühren, sodass eine feste Masse entsteht. Je nach Flüssigkeitsmenge werden etwas mehr oder weniger Haferflocken benötigt. Die Petersilie waschen, trocken tupfen, die Blättchen abzupfen und fein hacken. Die Petersilie unter die Burgermasse ziehen und mit Muskatnuss, Salz und Pfeffer abschmecken.

■ Aus dem Teig 4 Burger formen und diese in einer Pfanne in heißem Sonnenblumenöl von beiden Seiten braten.

■ Für den Avocado-Dip die Avocado halbieren, den Kern entfernen und das Fruchtfleisch mit einem Löffel herausholen. Avocado zusammen mit dem Zitronensaft, Salz und Pfeffer in einer Schüssel mit einem Pürierstab pürieren oder in einem Mixer mixen.

■ Für die Salatgarnitur die Tomate und die Gurke waschen, die Tomate vom Stielansatz befreien, Tomate und Gurke in Scheiben schneiden. Die Kresse vom Beet schneiden, Kresse und Salat waschen und trocken tupfen, den Salat falls nötig in mundgerechte Stücke zupfen.

■ Die Burger-Brötchen (Seite 114) halbieren. Die unteren Hälften mit Ketchup (Seite 114) bestreichen. Dann die Spinat-Quinoa-Burger darauflegen und mit Salat, Tomaten- und Gurkenscheiben und Kresse garnieren. Die oberen Brötchenhälften mit dem Avocado-Dip bestreichen und obenauf legen.

Für den Avocado-Dip
1 Avocado
2 EL Zitronensaft
Salz
Pfeffer aus der Mühle

Für die Garnitur
1 Tomate
1/4 Gurke
etwas Kresse
2 Handvoll gemischter Salat

Burger-**Brötchen**

Für 4 Stück

125 g Dinkel-Vollkornmehl
125 g Kamut-Vollkornmehl
10 g frische Hefe
1 TL Honig
1/2 TL Salz
2 EL Sonnenblumenöl

■ Das Dinkel- zusammen mit dem Kamut-Vollkornmehl in eine Schüssel sieben. In der Mitte eine Mulde formen. Die Hefe zerbröseln, mit 50 ml lauwarmen Wasser und dem Honig verrühren und in die Mulde geben. Mit etwas Mehl vermengen und den Vorteig 10 Minuten bei Zimmertemperatur gehen lassen.

■ Dann weitere 50 ml Wasser mit dem Salz verrühren und ebenfalls in die Schüssel geben. Den Teig 5 Minuten mit den Knethaken des Rührgeräts kneten. Das Sonnenblumenöl hinzugeben und weitere 1 bis 2 Minuten kneten. Den Teig noch einmal mit den Händen durchkneten und zu einer Kugel formen. Den Teig abgedeckt 2 Stunden bei Zimmertemperatur gehen lassen, bis sich sein Volumen verdoppelt hat.

■ Anschließend den Teig in 4 Teile teilen und zu Brötchen formen. Ein Backblech mit Backpapier auslegen und mit Wasser besprühen. Die Burger-Brötchen darauflegen und 1 weitere Stunde abgedeckt bei Zimmertemperatur gehen lassen. Den Backofen auf 175 °C Ober- und Unterhitze vorheizen und die Burger-Brötchen im vorgeheizten Ofen 20 Minuten backen. Danach herausnehmen und auf einem Kuchengitter abkühlen lassen.

■ Die Brötchen halbieren und mit den Spinat-Quinoa-Burgern, Ketchup, Avocado-Dip und Salat (Seite 112) belegen.

Tomaten**ketchup**

Für ca. 1/4 l

300 g Tomaten
1 rote Zwiebel
1 getrocknete Chilischote
1 EL Olivenöl
2 EL Agavendicksaft
1 EL Tomatenmark
1 TL edelsüßes Paprikapulver
Salz
Pfeffer aus der Mühle

■ Die Tomaten waschen und den Stielansatz herausschneiden. Die Tomaten würfeln. Die Zwiebel schälen und fein würfeln. Die Chilischote fein zerbröseln.

■ Das Olivenöl in einem Topf erhitzen. Die Zwiebelwürfel hineingeben und glasig dünsten. Den Agavendicksaft zufügen und die Zwiebeln karamellisieren. Tomaten, Tomatenmark und Chili hinzugeben und aufkochen lassen.

■ Bei geringer Temperatur 20 Minuten köcheln lassen, dabei gelegentlich umrühren. Mit einem Pürierstab fein pürieren. Mit Paprikapulver, Salz und Pfeffer abschmecken.

Rote-Bete-Tatar

Für 2 Portionen

1 große Rote Bete (etwa 250 g; alternativ 1 vorgegarte und vakuumverpackte Rote Bete)
1 Schalotte
1/2 Bund Thymian
150 g Ricotta
1 TL Honig
1 EL Olivenöl
Salz
Pfeffer aus der Mühle

■ Wasser in einem Topf zum Kochen bringen und die Rote Bete etwa 45 Minuten auf mittlerer Stufe köcheln lassen. Inzwischen die Schalotte schälen und in feine Würfel schneiden. Den Thymian waschen, trocken tupfen und die Blättchen abstreifen.

■ Den Ricotta mit dem Honig, Olivenöl, Salz, Pfeffer und Thymian verrühren. Nach Ende der Garzeit die Rote Bete in einem Sieb abtropfen lassen und mit kaltem Wasser abschrecken.

■ Oben und unten jeweils ein kleines Stück abschneiden und die Haut mit den Fingern ablösen. Dabei am besten Einmalhandschuhe tragen, da sie stark abfärbt. Dann die Rote Bete in feine Würfel schneiden und unter die Ricottamasse heben. Alles gut verrühren.

■ Einen Metallring (Ø 8 cm) auf einen Teller setzen, die Hälfte des Rote-Bete-Tatars hineingeben und mit einer Gabel flachdrücken. Die zweite Hälfte auf einem weiteren Teller ebenso anrichten. Den Ring vor dem Servieren wieder abziehen. Dazu passt Blattsalat.

Kartoffeln und **Zucchini** in cremiger Soße

Für 2 Portionen

600 g Kartoffeln
500 g Zucchini
2 EL Senfkörner
1/2 Bund Dill
2 EL Butter
2 EL Roggen-Vollkornmehl
125 g Senf
50 g Frischkäse
Salz
Pfeffer aus der Mühle

■ Die Kartoffeln schälen, waschen und würfeln. In einem Topf 400 ml Wasser zum Kochen bringen. Die Kartoffeln 10 Minuten darin garen. Die Zucchini waschen, putzen, ebenfalls würfeln und zusammen mit den Senfkörnern hinzugeben. Zwischendurch umrühren und alles weitere 10 Minuten köcheln lassen.

■ Inzwischen den Dill waschen, trocken tupfen und die Dillfähnchen abzupfen. Die Butter in einem Topf zerlassen. Das Mehl mit einem Schneebesen bei geringer Temperatur unterrühren. Den Senf und den Frischkäse unterrühren, sodass eine cremige Soße entsteht. Die Dillblätter hinzugeben und mit Salz und Pfeffer würzen.

■ Kartoffeln und Zucchini in ein Sieb abgießen, abtropfen lassen und in eine Servierschüssel geben. Die Soße unterheben und das Gericht sofort servieren.

Für eine vegane Variation bereiten Sie das Gericht wie im Rezept angegeben vor, dabei verwenden Sie anstelle der Butter vegane Margarine und anstelle des Frischkäses pflanzliche Sahne.

Weiße-Bohnen-Suppe mit Vollkornnudeln

Für 2 Portionen

100 g getrocknete weiße Bohnen
1/2 l Gemüsebrühe
1 Zwiebel
1 Möhre
etwa 200 g Knollensellerie
100 g Vollkorn-Hörnchennudeln
2 Stängel Petersilie
2 EL Olivenöl
Salz
Pfeffer aus der Mühle

■ Die weißen Bohnen über Nacht in Wasser einweichen. Am nächsten Tag die Bohnen in ein Sieb abgießen, zusammen mit der Gemüsebrühe in einem Topf zum Kochen bringen und bei geringer Temperatur 60 Minuten köcheln lassen.

■ Die Zwiebel schälen und in Würfel schneiden. Möhre und Sellerie putzen, schälen, waschen und ebenfalls in Würfel schneiden. Zwiebel, Sellerie und Möhre nach 40 Minuten Kochzeit zu den Bohnen geben und mitköcheln lassen. Nach 50 Minuten Kochzeit die Nudeln in den Topf geben und mitgaren, gegebenenfalls etwas Wasser nachgießen.

■ Die Petersilie waschen, trocken tupfen, die Blättchen abzupfen, fein hacken und hinzugeben. Das Olivenöl unter die Suppe rühren und mit Salz und Pfeffer abschmecken.

Gefüllte **Rondini** mit **Tomatenreis**

Für 2 Portionen

2 Rondini (runde Zucchini)
1 Zwiebel
1 Knoblauchzehe
2 Möhren
1 EL Olivenöl
100 g Vollkornreis
2 Tomaten
2 EL Tomatenmark
100 g Feta
1/2 Bund Petersilie
Salz
Pfeffer aus der Mühle
1 TL getrockneter Oregano
1 TL edelsüßes Paprikapulver

■ Die Rondini waschen, oben einen Deckel abschneiden und das Fruchtfleisch mit einem Löffel aushöhlen. Die Zwiebel und den Knoblauch schälen, die Zwiebel fein hacken und den Knoblauch durchpressen. Die Möhren putzen, schälen, waschen und in feine Scheiben schneiden.

■ Das Olivenöl in einem Topf erhitzen und Zwiebel und Knoblauch darin 1 Minute andünsten. Dann den Vollkornreis hinzugeben und mit 400 ml Wasser ablöschen. Möhren in den Topf geben und alles 15 Minuten köcheln lassen, dabei gelegentlich umrühren.

■ Inzwischen die Tomaten waschen, putzen und in mundgerechte Stücke schneiden. Zusammen mit dem Tomatenmark ebenfalls in den Topf geben und weitere 5 Minuten köcheln lassen, dabei immer wieder umrühren. Am Ende der Garzeit sollte das Wasser verdampft sein.

■ Den Backofen auf 200 °C Ober- und Unterhitze (180 °C Umluft) vorheizen. Den Feta in Stücke schneiden. Die Petersilie waschen, trocken tupfen, die Blättchen abzupfen und fein hacken. Den Topf mit dem Reis vom Herd nehmen, Feta und Petersilie unterheben und mit den Gewürzen abschmecken. Die Reis-Masse in die Rondini füllen und dann 20 Minuten im vorgeheizten Ofen garen.

Rondini stammen, genau wie Zucchini, aus der Familie der Kürbisgewächse. Auch äußerlich ähneln sie den Zucchini, weshalb sie oft „runde Zucchini" genannt werden. Der größte Unterschied zwischen beiden ist, dass die Rondini im Gegensatz zu den Zucchini nicht roh gegessen werden können.

Zucchini-**Pilaw** mit **Cranberries**

Für 2 Portionen

50 g Pinienkerne
400 g Zucchini
2 EL Olivenöl
1 Zwiebel
50 g getrocknete Cranberries
100 g Vollkornreis
400 ml Gemüsebrühe
1/2 Bund Petersilie
100 g Erbsen (TK)
1 Msp. Kurkumapulver
1 TL Currypulver
1 TL Kümmelsamen
Salz
Pfeffer aus der Mühle

■ Die Pinienkerne in einer beschichteten Pfanne ohne Öl leicht anrösten, herausnehmen und beiseite stellen. Die Zucchini waschen, putzen und in etwa 2 cm dicke Scheiben schneiden. 1 EL Olivenöl in der Pfanne erhitzen und die Zucchinischeiben darin von beiden Seiten goldgelb braten, dann herausnehmen und abgedeckt beiseite stellen.

■ Die Zwiebel schälen und fein würfeln. Das restliche Olivenöl in der Pfanne erhitzen und die Zwiebel darin dünsten. Die Cranberries und den Reis hinzugeben, mit der Gemüsebrühe ablöschen. Zugedeckt bei geringer Hitze etwa 15 Minuten köcheln lassen.

■ Inzwischen die Petersilie waschen, die Blättchen abzupfen, trocken tupfen und fein hacken. Die Zucchinischeiben und die Erbsen unter den Reis heben und 2 bis 3 Minuten mitköcheln lassen. Die Petersilie unterheben und alles mit den Gewürzen abschmecken. Das Pilaw mit den Pinienkernen garnieren und servieren.

Marokkanischer Spinatsalat

Für 2 Portionen

2 Handvoll frischer Blattspinat
1 rote Zwiebel
1 Granatapfel
100 g Feta
1/2 Bund Petersilie
20 g Walnusskerne
Salz
Pfeffer aus der Mühle
2 EL Olivenöl

■ Den Blattspinat waschen, abtropfen lassen und verlesen. Auf einer Servierplatte oder in einer Salatschüssel anrichten. Die Zwiebel schälen und in Streifen schneiden.

■ Dann den Granatapfel halbieren und in eine mit Wasser gefüllte Schale geben. Mit den Fingern die Kerne nun einfach unter Wasser heraustrennen, sodass die Kerne auf den Boden sinken und die Zwischenwände an der Oberfläche schwimmen. Die Granatapfelkerne herausholen.

■ Anschließend den Feta in Stücke schneiden. Die Petersilie waschen, trocken tupfen, die Blättchen abzupfen und fein hacken. Zwiebel, Granatapfelkerne und Feta auf dem Spinat anrichten. Mit Walnüssen und Petersilie garnieren, mit Salz und Pfeffer würzen und mit dem Olivenöl beträufeln.

Natürlich
frisch
einfach
gut

Special: Rohköstlicher **Genuss**

Langweilige Möhrensticks und Körnerfutter waren gestern: Die „Raw Food"-Bewegung hat sich in den letzten Jahren zu einer vielseitigen Gourmet-Küche entwickelt. Neben Salaten gibt es rohköstliche Suppen, Wraps, Pizza, Eiscremes, die Genuss statt Verzicht bedeuten.

Es gibt viele verschiedene Auslegungen, was rohköstliche Ernährung genau ist. Einigkeit besteht darüber, dass keine über 42 °C erhitzten sowie verarbeitete Lebensmittel gegessen werden. Durch die schonende Zubereitung bleiben alle Nährstoffe erhalten. Auch hitzeempfindliche Stoffe wie sekundäre Pflanzenstoffe werden unverändert aufgenommen.

Viele Studien belegen, dass ein hoher Rohkostanteil dem Körper guttut und frisches Obst und Gemüse den Hauptanteil einer gesunden Ernährung ausmachen sollten. So sorgt Rohkost für eine reinere Haut, ein besseres Körpergefühl, mehr Vitalität und Wohlbefinden.

Neben Obst, Gemüse, (Wild-)Kräutern, Sprossen und kaltgepressten Ölen sind auch Nüsse, Trockenfrüchte, Samen und Kerne in Rohkostqualität erhältlich. Je nach Auslegung gehören sogar Milch, Fisch und Fleisch dazu, beispielsweise in Form von Rohmilch(-produkten), Carpaccio oder Tartar. Die meisten Rohköstler ernähren sich jedoch vegetarisch oder vegan.

Mangold-Dinkelsotto

Für 2 Portionen

2 Schalotten
4 EL Olivenöl
1 l Gemüsebrühe
150 g Dinkelkörner
1 Staude Mangold
Salz
Pfeffer aus der Mühle
1/2 TL frisch geriebene Muskatnuss
2 EL frisch geriebener Parmesan

■ Die Schalotten schälen und fein würfeln. In einem großen Topf 2 EL Olivenöl erhitzen. Die Schalotten 2 bis 3 Minuten darin andünsten. Mit der Gemüsebrühe ablöschen. Die Dinkelkörner hinzugeben und in der Gemüsebrühe 20 Minuten köcheln lassen. Dabei immer wieder umrühren.

■ Inzwischen den Mangold waschen, das Strunkende abschneiden und den Rest in Streifen schneiden. Den Mangold zum Dinkel geben und alles weitere 10 Minuten köcheln lassen, bis die Dinkelkörner cremig, aber noch bissfest sind. Anschließend mit Salz, Pfeffer und Muskatnuss abschmecken und das restliche Olivenöl und den Parmesan unterrühren.

Für die vegane Variation das Dinkelsotto auf die gleiche Weise zubereiten, aber den Parmesan weglassen. Anstelle des Parmesans Pinienkerne oder Mandeln, Hefeflocken, Semmelbrösel und 1 Prise Salz im Mixer fein zerkleinern und zum Schluss unterheben.

Variation

2 Schalotten
4 EL Olivenöl
1 l Gemüsebrühe
150 g Dinkelkörner
1 Staude Mangold
Salz
Pfeffer aus der Mühle
1/2 TL frisch geriebene Muskatnuss
100 g Pinienkerne oder geschälte Mandeln
25 g Hefeflocken
15 g Semmelbrösel

Maissuppe

Für 2 Portionen

1 Maiskolben (alternativ 200 g Maiskörner aus der Dose)
2 Kartoffeln (etwa 200 g)
1 Zwiebel
1 EL Olivenöl
1/2 l Gemüsebrühe
1 gelbe Paprikaschote
1/2 Bund Schnittlauch
1/8 l Soja-/Hafersahne
Salz, Pfeffer aus der Mühle
frisch geriebene Muskatnuss

■ Die Hüllblätter und Fäden vom Maiskolben entfernen und den Mais in Wasser 5 Minuten kochen. Anschließend mit einem scharfen Messer die Körner abschneiden.

■ Die Kartoffeln schälen und in Stücke schneiden. Die Zwiebel schälen und fein würfeln. Das Olivenöl in einem Topf erhitzen und die Zwiebelwürfel darin andünsten. Die Kartoffeln hinzugeben und mit Gemüsebrühe ablöschen. 10 Minuten bei mittlerer Temperatur köcheln lassen.

■ Die Paprika putzen, entkernen, waschen und in Stücke schneiden. Paprika und Mais in die Suppe geben und alles weitere 5 Minuten köcheln lassen. Den Schnittlauch waschen, trocken tupfen und in Röllchen schneiden.

■ Die pflanzliche Sahne zur Suppe geben, alles pürieren und mit Salz, Pfeffer und Muskatnuss abschmecken. Die Hälfte des Schnittlauchs unterrühren und die Suppe mit dem übrigen Schnittlauch bestreut anrichten.

Waldpilzpfanne auf Kartoffel-**Topinambur**-Püree

Für 2 Portionen

500 g gemischte Pilze (z. B. weiße oder braune Champignons, Pfifferlinge, Austernseitlinge)
1 Zwiebel
1/2 Bund Schnittlauch
250 g Topinambur
250 g Kartoffeln
2 EL Olivenöl
Salz
Pfeffer aus der Mühle
1 Prise frisch geriebene Muskatnuss

■ Die Pilze putzen, große Pilze in mundgerechte Stücke schneiden. Die Zwiebel schälen und fein würfeln. Den Schnittlauch waschen, trocken tupfen und fein hacken.

■ Topinambur und Kartoffeln schälen, waschen, grob würfeln und 15 Minuten in Wasser kochen.

■ Inzwischen in einer Pfanne 1 EL Olivenöl erhitzen, die Zwiebel darin glasig dünsten. Dann die Pilze hinzugeben. Etwa 10 Minuten braten, zwischendurch umrühren. Den Schnittlauch unter die Pilze mischen und mit Salz und Pfeffer abschmecken.

■ Anschließend Topinambur und Kartoffeln in ein Sieb abgießen und abtropfen lassen. Dann zurück in den Topf geben, 1 EL Olivenöl hinzufügen und alles mit einem Kartoffelstampfer stampfen. Mit Salz und Muskatnuss abschmecken. Das Kartoffel-Topinambur-Püree auf 2 Tellern verteilen und die Pilze darauf anrichten.

Das Wurzelgemüse Topinambur erinnert rein äußerlich an die Knollen des Ingwers, ist botanisch jedoch mit der Sonnenblume verwandt. Topinambur stammt aus Nord- und Mittelamerika und gelangte vermutlich Anfang des 17. Jahrhunderts nach Europa, wo es als wichtiges Grundnahrungsmittel galt, bis es von der Kartoffel verdrängt wurde. Langsam findet Topinambur seinen Weg wieder auf die Wochenmärkte und in gut sortierte (Bio-)Supermärkte. Das Gemüse schmeckt leicht süßlich und nussig und ist durch seinen hohen Ballaststoffgehalt sehr sättigend. Im Kühlschrank lässt es sich nur wenige Tage lagern. Verzehrt werden kann es roh und ungeschält, aber auch gekocht, gedünstet oder gebraten.

Kürbis-**Quinotto** mit Salbei**soße**

Für 2 Portionen

200 g Quinoa
1/2 Hokkaido-Kürbis
1 rote Zwiebel
1 EL Olivenöl
1/2 l Gemüsebrühe
150 g Frischkäse
10 Salbeiblätter
3 EL Maisstärke
2 EL frisch geriebener Parmesan
Pfeffer aus der Mühle
frisch geriebene Muskatnuss
2 EL Kürbiskerne

■ Die Quinoa in ein Sieb geben und unter fließendem, kaltem Wasser abspülen, bis das Wasser klar bleibt. Dadurch werden die Bitterstoffe entfernt. Den Hokkaido-Kürbis waschen, entkernen und in Würfel schneiden. Die Zwiebel schälen und fein hacken.

■ Das Olivenöl in einem Topf erhitzen. Die Zwiebel darin andünsten und die Kürbiswürfel hinzugeben. Alles 2 bis 3 Minuten dünsten, dann mit 400 ml Gemüsebrühe ablöschen und die Quinoa hinzugeben. 15 Minuten garen, dabei gelegentlich umrühren.

■ Inzwischen in einem kleinen Topf die restliche Gemüsebrühe für die Salbeisoße aufkochen. Den Frischkäse unterrühren. Die Salbeiblätter waschen, trocken tupfen, fein hacken und unterrühren. Die Maisstärke in etwas kaltem Wasser anrühren und die Soße damit andicken.

■ Den Parmesan unter das Quinotto rühren und mit Pfeffer und Muskatnuss abschmecken. Quinotto mit Salbeisoße und Parmesan anrichten und mit Kürbiskernen bestreuen.

Buntes **Quinoa-Tabouleh** mit **Granatapfel**

Für 2 Portionen

100 g roter Quinoa
200 ml Gemüsebrühe
1 Tomate
1/2 Gurke
1 Avodado
2 EL Zitronensaft
1/2 Granatapfel
1 kleine rote Zwiebel
1–2 Stängel Minze
2–3 Stängel Petersilie
4 EL gehobelte Mandeln
2 EL Olivenöl
1 TL Zitronensaft
1 TL flüssiger Honig
Pfeffer aus der Mühle

■ Die Quinoa in ein Sieb geben und unter fließendem, kaltem Wasser abspülen, bis das Wasser klar bleibt. Dadurch werden die Bitterstoffe entfernt. Die Gemüsebrühe in einem Topf erhitzen und die Quinoa darin 15 Minuten garen.

■ Inzwischen die Tomate und Gurke waschen, putzen und würfeln. Die Avocado halbieren, entsteinen, schälen und ebenfalls würfeln. Die Avocadowürfel mit dem Zitronensaft beträufeln.

■ Dann den halben Granatapfel in eine mit Wasser gefüllte Schale geben. Mit den Fingern die Kerne nun einfach unter Wasser heraustrennen, sodass die Kerne auf den Boden sinken und die Zwischenwände an der Oberfläche schwimmen. Die Granatapfelkerne herausholen.

■ Die Zwiebel schälen und in Ringe schneiden. Minze und Petersilie waschen, trocken tupfen, die Blättchen abzupfen und fein hacken.

■ Die gegarte Quinoa in ein Sieb abgießen und gut abtropfen lassen. Mit den übrigen vorbereiteten Zutaten in einer Schüssel mischen. Die Mandelblättchen in einer Pfanne ohne Fett kurz anrösten.

■ Für das Dressing das Olivenöl, den Zitronensaft und den Honig verrühren und über das Tabouleh geben. Mit Pfeffer würzen und mit den Mandelblättchen bestreut anrichten.

Optional können statt der Petersilie auch frische Sprossen hinzugegeben werden.

Herbstsalat

Für 2 Portionen

2 Scheiben Ziegenkäse (50 g)
3 TL Honig
1 Zweig frischer Rosmarin
2 Feigen
25 g Pinienkerne
150 g Feldsalat
2 EL Olivenöl
1 EL Feigensenf
Salz
Pfeffer aus der Mühle

■ Den Backofen auf 180 °C Ober- und Unterhitze (160 °C Umluft) vorheizen. Die Ziegenkäsescheiben mit jeweils 1 TL Honig beträufeln. Den Rosmarinzweig in 2 Stücke schneiden und darauflegen.

■ Die Feigen waschen, abtrocknen und am Stielansatz kreuzförmig einschneiden. Feigen und Ziegenkäsescheiben auf ein mit Backpapier ausgelegtes Backblech geben und für 15 Minuten im Backofen erwärmen.

■ Die Pinienkerne kurz in einer Pfanne anrösten, anschließend beiseite stellen. Den Feldsalat trocken schleudern und verlesen. Das Olivenöl, den Feigensenf und 1 TL Honig in einer Schüssel zu einem Dressing verrühren und mit Salz und Pfeffer abschmecken

■ Den Feldsalat in einer Salatschüssel oder auf einer Servierplatte anrichten. Das Dressing darüber verteilen und unterheben. Dann den Ziegenkäse und die Feigen auf dem Feldsalat anrichten, zum Schluss die Pinienkerne darübergeben.

Tipp

Außerhalb der Feigensaison können getrocknete Feigen verwendet werden. Der Salat schmeckt auch mit Rucola statt Feldsalat lecker. Optional können noch getrocknete Cranberries dazugegeben werden.

Frittata mit **grünem Spargel**

Für 2 Portionen

1 Schalotte
1 EL Olivenöl
500 g grüner Spargel
4 Eier
2 EL frisch gehackter Majoran
50 ml Sahne
1 Prise Salz
Pfeffer aus der Mühle
frisch geriebene Muskatnuss
25 g frisch gehobelter Parmesan

■ Den Backofen auf 180 °C Ober-und Unterhitze (160 °C Umluft) vorheizen. Die Schalotte schälen und fein hacken. Das Olivenöl in einer Pfanne erhitzen und die Schalotte bei mittlerer Temperatur 1 Minute darin glasig dünsten, dann beiseite stellen.

■ Die holzigen Enden des Spargels abschneiden und das untere Drittel des Spargels schälen. Die Spargelstangen halbieren. 3 Minuten in kochendem Wasser bissfest blanchieren. In ein Sieb abgießen, abschrecken und gut abtropfen lassen. Die Spargelstangen in einer mit Backpapier ausgeschlagenen Backform verteilen.

■ Die Eier mit dem Majoran und der Sahne verquirlen, salzen, pfeffern und mit Muskatnuss würzen. Schalottenwürfel unterheben. Alles über den Spargel gießen und mit dem Parmesan bestreuen. Im vorgeheizten Ofen 30 Minuten goldbraun backen. Die Frittata herausnehmen und in Stücke geschnitten servieren.

Rote Bete mit Linsenfüllung

Für 2 Portionen

6 kleine Rote Beten
1 Schalotte
1/2 Möhre
1/2 Pastinake
100 g festkochende Kartoffeln
2 EL Olivenöl
1 TL Currypulver
etwa 100 ml Gemüsebrühe
100 g Linsenkeimlinge
Salz
Pfeffer aus der Mühle
1 Apfel
25 g ungesalzene Erdnusskerne
100 ml Kokosmilch

■ Die Rote Beten schälen und von der Wurzelseite her aushöhlen, so dass ein etwa 5 mm dicker Rand stehen bleibt. Dabei am besten Handschuhe tragen, da sie stark abfärben. In Wasser 20 Minuten gar köcheln lassen.

■ Die Schalotte, die Möhre, die Pastinake und die Kartoffeln schälen und klein würfeln. Die Schalotte mit der Möhre und der Pastinake in heißem Olivenöl 1 bis 2 Minuten anschwitzen. Die Kartoffeln und das Currypulver untermengen und mit der Brühe ablöschen. Alles 15 Minuten bei mittlerer Temperatur köcheln lassen. Die Linsenkeimlinge abbrausen, abtropfen lassen, zum Curry geben und mit Salz und Pfeffer abschmecken. Bei milder Temperatur warm halten.

■ Für die Soße den Apfel schälen, vierteln, das Kerngehäuse entfernen und die Viertel klein würfeln. Die Erdnüsse hacken und zusammen mit dem Apfel im restlichen Öl kurz anschwitzen. Die Kokosmilch angießen und aufkochen lassen. Mit Salz und Pfeffer abschmecken. Die abgetropften Roten Beten mit dem Gemüse füllen und auf Teller oder Schalen verteilen. Die Soße darübergeben und servieren.

Ofen-**Süßkartoffeln** mit **Avocado**-Basilikum-**Creme**

Für 2 Portionen

2 Süßkartoffeln
2 Avocados
100 g Frischkäse
6 Stängel Basilikum
Salz
Pfeffer aus der Mühle
1 Granatapfel

■ Den Backofen auf 200 °C Ober- und Unterhitze (180 °C Umluft) vorheizen. Dann die Süßkartoffeln waschen (nicht schälen). Mit einer Gabel mehrmals Löcher in die Süßkartoffeln stechen und auf einem mit Backpapier ausgelegtem Backblech im vorgeheizten Ofen 45 Minuten backen.

■ Inzwischen die Avocados halbieren, die Kerne entfernen und das Fruchtfleisch mit einem Löffel herausholen. Das Fruchtfleisch in einer Rührschüssel mit einer Gabel leicht zerdrücken, den Frischkäse dazugeben und verrühren.

■ Das Basilikum waschen, trocken tupfen, die Blättchen abzupfen und trocken schütteln. 2 Blätter zum Garnieren beiseite legen und den Rest ebenfalls in die Schüssel geben. Die Masse mit einem Pürierstab fein pürieren, mit Salz und Pfeffer abschmecken.

■ Dann den Granatapfel halbieren und in eine mit Wasser gefüllte Schale geben. Mit den Fingern die Kerne unter Wasser heraustrennen, sodass die Kerne auf den Boden sinken und die Zwischenwände an der Oberfläche schwimmen. Die Granatapfelkerne herausholen.

■ Die gegarten Süßkartoffeln aus dem Ofen nehmen. Noch einmal mit einer Gabel einstechen und testen, ob sie gar sind. Dann längs aufschneiden, auf 2 Teller verteilen, die Avocado-Basilikum-Creme mit einem Löffel auf die Süßkartoffelhälften geben und mit den Granatapfelkernen und den Basilikumblättern garnieren.

Maronen-Kartoffel-**Suppe**

Für 2 Portionen

400 g Kartoffeln
200 g Maronen (geschält und vorgegart)
2 Schalotten
1 Knoblauchzehe
1 EL Butter
1 EL Ahornsirup
1/2 l Gemüsebrühe
100 g Frischkäse
Salz
Pfeffer aus der Mühle
1 Msp. Zimtpulver
2 Stängel Petersilie

■ Die Kartoffeln schälen. Kartoffeln und Maronen in Würfel schneiden. Schalotten und Knoblauch schälen und fein würfeln.

■ Die Butter in einem großen Topf erhitzen und die Schalotten und den Knoblauch darin glasig dünsten. Mit dem Ahornsirup karamellisieren. Dann die Kartoffeln und die Maronen hinzugeben und 1 Minute mitdünsten. Mit der Gemüsebrühe ablöschen, aufkochen und dann 15 Minuten bei mittlerer Temperatur köcheln lassen.

■ Anschließend den Frischkäse hinzugeben, unterrühren und die Suppe mit einem Pürierstab fein pürieren. Mit Salz, Pfeffer und Zimt abschmecken. Die Petersilie waschen, trocken tupfen, die Blättchen abzupfen, fein hacken und die Suppe damit garnieren.

Grünkohl-Kartoffel-Auflauf

Für 2 Portionen

500 g Grünkohl
500 g Kartoffeln (vorwiegend festkochend)
1 Zwiebel
2 EL Olivenöl
2 EL Roggen- oder Dinkel-Vollkornmehl
150 ml Gemüsebrühe
1/8 l Senf
1 EL Senfkörner
1 Msp. frisch geriebene Muskatnuss
Salz
Pfeffer aus der Mühle
etwas Butter oder Öl für die Form
100 g frisch geriebener Käse (z. B. Gouda, Emmentaler oder Mozzarella)

■ Den Grünkohl waschen, die harten Stiele entfernen und die Blätter in mundgerechte Stücke schneiden. In kochendem Wasser 10 Minuten garen. Die Kartoffeln schälen, waschen und mit einer Reibe oder einem V-Hobel in dünne Scheiben schneiden. Ebenfalls 10 Minuten in kochendem Wasser garen.

■ Den Backofen auf 200 °C Ober- und Unterhitze (Umluft 180 °C) vorheizen. Die Zwiebel schälen und fein würfeln. Für die Senfsoße das Olivenöl in einem kleinen Topf erhitzen und die Zwiebelwürfel kurz darin andünsten. Das Mehl hinzugeben, unterrühren und mit der Gemüsebrühe ablöschen. Den Senf hinzugeben und 2 bis 3 Minuten köcheln lassen. Dann die Senfkörner hinzugeben und mit Muskatnuss, Salz und Pfeffer würzen.

■ Grünkohl und Kartoffeln in ein Sieb abgießen und kurz abkühlen lassen. Zwei kleine oder eine große Auflaufform einfetten und Kartoffeln und Grünkohl einschichten. Die Senfsoße darübergeben und mit Käse bestreuen. Die Auflaufform(er) in den Backofen stellen und das Gericht 20 Minuten backen.

Feigen-**Ziegenkäse**-Flammkuchen

Für 2 Portionen

250 g Dinkel-Vollkornmehl
2 EL Olivenöl
1 Prise Salz
4 EL saure Sahne
2 Feigen
1 Zwiebel
100 g Ziegenkäse
2 Zweige Thymian
4 Walnüsse
2 EL flüssiger Honig

■ Den Backofen auf 200 °C Ober- und Unterhitze (180 °C Umluft) vorheizen. Das Mehl durchsieben und mit dem Öl, 1/8 l lauwarmem Wasser und Salz verkneten. Den Teig in 2 Portionen teilen und dünn ausrollen. Ein Backblech mit Backpapier auslegen und die Teigplatten darauflegen.

■ Beide Flammkuchen mit jeweils 2 EL saurer Sahne bestreichen. Die Feigen waschen und abtrocknen, die Zwiebel schälen. Feigen, Zwiebel und Ziegenkäse in dünne Scheiben schneiden und die Teige damit belegen.

■ Den Thymian waschen, trocken tupfen und die Blättchen von den Zweigen streifen. Die Walnüsse auf den Teigplatten verteilen, alles mit Honig beträufeln und mit Thymian würzen. Die Flammkuchen 20 Minuten im vorgeheizten Ofen backen.

Flammkuchen wird traditionell mit Zwiebeln und Speck zubereitet. Aber auch andere Variationen schmecken gut: Ob herzhaft mit Spargel, Kürbis, Tomaten, Rucola oder Oliven oder süß mit Äpfeln oder Birnen und Zimt – Ihrer Phantasie sind beim Belegen des Flammkuchens keine Grenzen gesetzt!

Nudelnester
mit Walnusssoße

Für 2 Portionen

2 Schalotten
1 Knoblauchzehe
150 g Blattspinat
1 Bund Basilikum
100 g Walnusskerne
1 EL Olivenöl und etwas Öl für die Form
100 ml Gemüsebrühe
250 g Vollkorn-Spaghetti
100 g (Soja-) Joghurt
Salz
Pfeffer aus der Mühle
50 g frisch geriebener Gouda

■ Schalotten und Knoblauch schälen, die Schalotten fein würfeln und den Knoblauch durchpressen. Spinat und Basilikum verlesen, waschen und in Streifen schneiden. Die Walnusskerne mit einer Küchenmaschine oder einem Hochleistungsmixer fein mahlen.

■ Das Olivenöl in einer Pfanne erhitzen, Schalotten, Knoblauch und die gemahlenen Walnüsse 1 bis 2 Minuten darin dünsten. Dann Spinat und Basilikum hinzugeben und bei mittlerer Temperatur 2 bis 3 Minuten mitdünsten. Zwischendurch umrühren. Mit Gemüsebrühe ablöschen und weitere 10 Minuten köcheln lassen.

■ Inzwischen die Spaghetti in reichlich kochendes Wasser geben und nach Packungsanleitung bissfest garen.

■ Den Backofen auf 200 °C Ober- und Unterhitze (180 °C Umluft) vorheizen. 8 Mulden einer Muffinform einfetten. Die Spaghetti in ein Sieb abgießen und abtropfen lassen. Eventuell überschüssiges Wasser aus der Walnuss-Spinat-Mischung abschütten und den (Soja-)Joghurt unterrühren. Mit Salz und Pfeffer abschmecken.

■ Spaghetti zu Nestern drehen und in die Muffinformen geben. Jeweils 1 EL der Walnuss-Spinat-Mischung daraufgeben und mit dem Käse bestreuen. Im vorgeizten Backofen 15 Minuten backen. Dann die Form herausnehmen, die Nudelnester auf Tellern anrichten.

kapitel 5

Desserts & **Kuchen**

Das Dessert ist das Highlight nach einem leckeren Hauptgericht. Oftmals enthalten die Nachspeisen aber jede Menge Zucker. Keine Sorge – Sie können auch weiterhin süße Köstlichkeiten genießen, indem Sie hausgemachte Desserts und Kuchen mit einfachen Tricks gesünder gestalten. In diesem Kapitel finden Sie Dessertrezepte mit cleanen Zutaten wie Früchten, Nüssen, Samen und Milch[-alternativen]. Und auch beim Backen hört Clean Eating nicht auf. Ein Teig mit Kamut-Vollkornmehl oder gemahlenen Nüssen anstelle normalen Weizenmehls enthält gleich viel mehr gesunde Nährstoffe – und schmeckt richtig gut! Mit meinen leichten Desserts und Kuchen müssen Sie kein schlechtes Gewissen haben: Sie passen perfekt ins Clean-Eating-Konzept! Im Special „Gesundes Backen“ auf Seite 146 finden Sie zusätzlich Tipps, wie Sie Ihre Lieblingskuchen einfach an das Konzept anpassen können.

Natürlich frisch **einfach** gut

Schoko-Banane

Für 2 Portionen

200 g Zartbitterschokolade (ohne Zucker)
2 Bananen
4 EL Kokosraspel
4 EL gehackte Pistazien
4 EL getrocknete Berberitzen

■ Einen Topf zu zwei Dritteln mit Wasser füllen. Dieses auf etwa 60 °C erhitzen. Die Schokolade grob hacken.

■ Die Schokolade in eine Metall- oder Glasschüssel geben und so in das Wasserbad stellen, dass die Schüssel den Topfboden nicht berührt und kein Wasser hineinläuft. Die Schokolade schmelzen lassen, dabei immer wieder mit einem Löffel umrühren.

■ Dann die Bananen schälen und dritteln. Kokosraspel, Pistazien und Berberitzen jeweils auf einen flachen Teller geben. Die Bananenstücke zuerst in die geschmolzene Schokolade tauchen und dann je 2 Stücke in einem der Toppings (Kokosraspel, gehackte Pistazien oder Berberitzen) wenden.

■ Je 1 Zahnstocher in die schokolierten Bananenstücke stecken und sie vor dem Servieren etwa 30 Minuten ins Gefrierfach stellen.

Kokos-**Himbeer**-Dessert

Für 2 Portionen

300 g Joghurt
250 g Magerquark
4 gehäufte EL Kokosraspel
2 TL Rohrohrzucker
250 g Himbeeren

■ 150 g Joghurt und 125 g Magerquark in einer Schüssel vermengen. Die Kokosraspel und 1 TL Rohrohrzucker hinzugeben. Alles verrühren.

■ In einer weiteren Schüssel den restlichen Joghurt und Quark, 125 g Himbeeren und 1 TL Rohrohrzucker pürieren. Kokosjoghurt und Himbeerjoghurt abwechselnd in 2 Gläser einschichten und mit den restlichen Himbeeren garnieren.

Alternativ können Sie das Dessert auch mit Erdbeeren zubereiten. Außerhalb der Beerensaison eignen sich Pflaumen, Mango und Ananas sehr gut. Für eine vegane Variante können Sie statt Joghurt und Quark auch 550 g Sojajoghurt verwenden.

Viererlei gesunde **Pralinen**

Für 6 Piña-Colada-Pralinen

50 g Kokosraspel
50 g getrocknete Ananas (ohne Zuckerzusatz)
50 g ungesalzene Cashewkerne
5 getrocknete Datteln
1 EL Kokosöl

Für 6 Pistazie-Berberitze-Pralinen

20 g ungesalzene Pistazien
20 g getrocknete Berberitzen
50 g getrocknete Feigen
20 g Walnusskerne
20 g Mandelmehl
20 g Kokosraspel
1 EL Kokosöl
Saft und abgeriebene Schale von 1/2 unbehandelten Zitrone

■ Die Zutaten für die Piña-Colada-, Pistazie-Berberitze- und Schoko-Vanille-Pralinen jeweils in einen leistungsstarken Mixer geben und einige Sekunden mixen.

■ Den Mixer gründlich reinigen, bevor die Zutaten für die nächste Sorte hineingegeben werden. Wer keinen leistungsstarken Mixer hat, sondern beispielsweise einen Pürierstab, weicht die Nüsse vor der Zubereitung einige Stunden ein.

■ Die Zutaten für die Kokos-Mandel-Pralinen in eine Schüssel geben und mit den Händen verkneten.

■ Die Masse für die Piña-Colada- und Pistazie-Berberitze-Pralinen jeweils in 6 Portionen teilen und mit den Händen zu Kugeln formen.

■ Die Masse für die Schoko-Vanille-Pralinen in 4 Portionen, für die Kokos-Mandel-Pralinen in 3 Portionen teilen und ebenfalls zu Kugeln formen. Die Schoko-Vanille-Pralinen in Kakaopulver wälzen. Alle Sorten vor dem Servieren 30 Minuten in den Kühlschrank stellen.

Diese Pralinen – auch Raw Energy Bites oder Energiekugeln genannt – sind gesund, vegan und rohköstlich. Auch als Mitbringsel sind sie gut geeignet.

Rohes Kakaopulver zählt zu den Superfoods. Die Kakaobohnen, die zu Pulver gemahlen werden, dürfen nicht über 42 °C erhitzt werden, damit ihre wertvollen Inhaltsstoffe nicht zerstört werden. Das Kakaopulver hat eine hohe Konzentration an Antioxidantien und enthält die „Glücksbotenstoffe" Dopamin und Serotonin.

Für 4 Schoko-Vanille-Pralinen

100 g Datteln (entsteint gewogen)
2 EL rohes Kakaopulver
1/2 TL gemahlene Vanilleschote
1 EL rohes Kakaopulver zum Wälzen

Für 3 große Kokos-Mandel-Pralinen

50 g Mandelmehl
2 EL Mandelmilch
50 g Kokosraspel
1 EL Agavendicksaft
1 Msp. gemahlene Vanille

Natürlich
frisch
einfach
gut

Special:
Gesundes **Backen**

Sich clean ernähren und trotzdem weiterhin die Lieblingskuchen genießen? Das geht! Passen Sie Ihre Backrezepte einfach an das Clean-Eating-Konzept an:

- Fett lässt sich durch Apfelmus ersetzen. In den meisten Rezepten können Sie bis zu 30 % davon gegen Apfel- oder andere Fruchtpürees austauschen.
- Fast jeder Kuchen kann auch mit Vollkornmehl gebacken werden. Besonders problemlos ist das bei Hefe- und Rührteigen. Allerdings muss dann etwas mehr Flüssigkeit hinzugegeben werden. In der Regel reichen 10 bis 20 % Wasser oder Milch(-alternativen) zusätzlich. Zudem sollte der Teig kurz ruhen, bevor er gebacken wird. Besonders gut geeignet sind Dinkel- und Weizen-Vollkornmehl, durch die man normales Weizenmehl 1:1 ersetzen kann. Da ein Kuchen aus Vollkornmehl aber dunkler aussieht, ist Kamutmehl eine tolle Alternative. Das Mehl ist hell, auch wenn es aus vollem Korn hergestellt wurde. Auch gemahlene Nüsse können einen Teil des Mehls ersetzen.
- Reduzieren Sie die Zuckermenge und wählen Sie Rohrohrzucker oder Kokosblütenzucker statt weißem Haushaltszucker. Auch Honig kann alternativ verwendet werden. Statt 100 g Zucker benötigen Sie nur 70 g Honig.
- Ersetzen Sie Vollmilchschokolade und weiße Schokolade durch dunkle Schokolade mit mindestens 70 % Kakaoanteil. Sie ist gesund und passt ins Clean-Eating-Konzept.

Spanischer Mandelkuchen

Für 1 Backform (18 x 21 cm)

250 g gemahlene Mandeln
50 g gehackte Mandeln
2 EL Backpulver
1 Banane
50 g Butter oder vegane Margarine
50 g Rohrohrzucker
1 Msp. gemahlene Vanille
200 ml Mandelmilch
Fett für die Form

■ Den Backofen auf 180 °C Ober- und Unterhitze (160 °C Umluft) vorheizen. Die gemahlenen zusammen mit den gehackten Mandeln und dem Backpulver in einer Schüssel vermischen.

■ In einer zweiten Schüssel die Banane mit einer Gabel zerdrücken, Butter oder Margarine, Rohrohrzucker und Vanille hinzugeben und alles schaumig rühren. Dann die Mandelmilch unterrühren. Die trockenen Zutaten unterheben.

■ Eine eckige Backform (18 x 21 cm) fetten, den Teig einfüllen und glatt streichen. Den Mandelkuchen etwa 30 Minuten im vorgeheizten Ofen backen. Herausnehmen und auf einem Kuchengitter in der Form abkühlen lassen.

Tipp

Der Kuchen ist glutenfrei und wenn pflanzliche Margarine statt Butter verwendet wird, auch vegan. Wenn Sie keine eckige Backform haben, können Sie auch eine kleine Springform (Ø 20 cm) verwenden.

Gefüllte **Feigen** mit Haselnuss-**Schoko-Quark**

Für 2 Portionen

4 Feigen
100 g Quark
20 g Haselnüsse
1 TL Kakaonibs

■ Die Feigen vorsichtig waschen und mit einem Tuch trocken tupfen. Am Stielansatz der Feigen einen Deckel abschneiden. Mit einem Löffel das Fruchtfleisch herausholen, ohne die Schale zu beschädigen.

■ Das Fruchtfleisch in eine Schale geben und mit einer Gabel zerdrücken. Mit dem Quark vermengen. Die Haselnüsse mit einem Messer oder kurz in einem Mixer zerkleinern. Die Nüsse und die Kakaonibs ebenfalls unter die Quarkmasse rühren.

■ Den Haselnuss-Schoko-Quark mit einem Teelöffel vorsichtig in die Feigen füllen. Mit Kakaonibs garnieren und servieren.

Rüblikuchen

Für 1 Springform (Ø 26 cm)

300 g Möhren
300 g Dinkel-Vollkornmehl
2 EL Backpulver
100 g Erdnussmus
50 g ungesalzene Erdnüsse
50 g Agavendicksaft
1 TL Zimtpulver
1 Prise gemahlene Muskatnuss
3 Kapseln Kardamom
Fett für die Form
200 g Frischkäse
60 g Butter oder vegane Margarine
1 unbehandelte Orange

■ Den Backofen auf 180 °C Ober- und Unterhitze (160 °C Umluft) vorheizen. Die Möhren schälen und fein raspeln. Die Möhren mit dem Dinkel-Vollkornmehl, dem Backpulver und dem Erdnussmus in einer Schüssel vermengen.

■ Die Erdnüsse mit einem Messer fein hacken oder im Mixer kurz fein mixen und ebenfalls in die Schüssel geben. Den Agavendicksaft, 1/2 TL Zimtpulver und die Muskatnuss ebenfalls hinzugeben.

■ Die Kardamomkapseln aufschneiden, Kardamomsamen herausholen und mit einem Mörser zerstoßen. Ebenfalls in die Schüssel geben. 150 ml Wasser hinzugießen und alles mit dem Handmixer verrühren.

■ Eine Springform mit Butter oder Margarine fetten. Den Teig einfüllen und glatt streichen. Im vorgeheizten Backofen auf der mittleren Schiene 30 Minuten backen.

■ Inzwischen den Frischkäse und die Butter oder Margarine in einer Schüssel verrühren. Die Schale der Orange abreiben, den Saft auspressen und zusammen mit 1/2 TL Zimt hinzugeben. Mit dem Handmixer verrühren und kalt stellen.

■ Den Kuchen nach Ende der Backzeit aus dem Ofen nehmen und in der Form 30 Minuten auf einem Kuchengitter abkühlen lassen. Dann das Frosting auf den Kuchen geben und mit einem Messer oben und an den Seiten glatt streichen. Den Kuchen vor dem Servieren 1 Stunde kalt stellen.

Am zweiten Tag schmeckt der Kuchen noch besser! Außerdem hält er sich mehrere Tage im Kühlschrank.

Chia-Schoko-Pudding mit Minze

Für 2 Portionen

4 Stängel Minze
400 ml Mandelmilch
1 TL rohes Kakaopulver
1 EL Agavendicksaft
4 EL Chia-Samen
2 TL Kakaonibs

■ Die Minze waschen, trocken tupfen, die Blättchen abzupfen. Ein paar Blätter zum Garnieren beiseite legen, den Rest fein hacken. Zusammen mit der Mandelmilch, dem Kakaopulver und dem Agavendicksaft in einen Mixer geben und mixen.

■ Mit den Chia-Samen verrühren, in 2 Gläser oder Schalen geben und mindestens 15 Minuten in den Kühlschrank stellen und quellen lassen. Die Chia-Samen bilden dann ein Gel und ein dickflüssiger Pudding entsteht. Anschließend mit Kakaonibs und Minze garnieren.

Haferkekse

Für 8–10 Stück

100 g Hafer-vollkornflocken (Feinblatt)
60 g Rohrohr-zucker
60 g Sojajoghurt
50 g Vollkorn-Reismehl
80 g weiche Butter oder vegane Margarine
1 Msp. gemahle-ne Vanille
1 Prise Salz

■ Den Backofen auf 175 °C Ober- und Unterhitze vorheizen. Alle Zutaten in eine Schüssel geben und mit den Händen zu einem gleichmäßigen Teig verarbeiten.

■ Den Teig in 8 bis 10 Portionen teilen und mit den Händen zu Kugeln formen. Diese flach drücken und auf ein mit Backpapier ausgelegtes Backblech legen.

■ Das Backblech in den vorgeheizten Backofen schieben und die Kekse 20 Minuten backen. Anschließend herausnehmen und die Haferkekse auf dem Blech abkühlen lassen.

Vollkorn-Reismehl können Sie mit einem leistungsstarken Mixer ganz einfach selbst herstellen. Dazu den Vollkornreis in den Mixer geben und so lange mixen, bis Mehl entstanden ist. Vollkorn-Reismehl gibt es aber auch im gut sortierten Bio-Supermarkt. Alternativ kann Maismehl verwendet werden.

Obstsalat mit roter **Quinoa** und Vanillejoghurt

Für 2 Portionen

80 g rote Quinoa
200 g (Soja-) Joghurt
1 TL Rohrohrzucker
1 Msp. gemahlene Vanille
400 g Früchte der Saison (z. B. Banane, Kaktusfeige, Kaki, Granatapfel, Trauben)
2 EL Mandelstifte

■ Die Quinoa in ein Sieb geben und unter fließendem, kaltem Wasser abspülen, bis das Wasser klar bleibt. Dann 15 Minuten in 200 ml Wasser kochen.

■ Inzwischen den (Soja-)Joghurt mit dem Rohrohrzucker und der gemahlenen Vanille verrühren. Das Obst waschen, gegebenenfalls schälen und in Würfel schneiden.

■ Die Quinoa nach Ende der Kochzeit in einem Sieb abtropfen lassen und mit dem Vanillejoghurt verrühren. Das Ganze in 2 Schalen geben. Den Obstsalat darauf anrichten und das Dessert mit den Mandelstiften bestreuen.

Rote Quinoa hat einen nussigen Geschmack, der nicht nur zu herzhaften, sondern auch zu süßen Gerichten passt.

Dinkel-**Apfelkuchen** mit **Mandelguss**

Für 1 Springform (Ø 26 cm)

Für den Teig
300 g Dinkel-Vollkornmehl
100 g Rohrohrzucker
1 TL Backpulver
1 Prise Salz
1 Msp. gemahlene Vanille
100 g Butter oder vegane Margarine
100 g Apfelmus (ohne Zuckerzusatz)
Fett für die Form

Für den Belag
800 g Äpfel
2 EL Rohrohrzucker
1/2 TL Zimtpulver
200 g Sahne
30 g Butter oder vegane Margarine
1 EL Agavendicksaft
1 Msp. gemahlene Vanille
200 g Mandelblättchen

■ Für den Teig das Mehl sieben und mit dem Rohrohrzucker, Backpulver, Salz und Vanille in einer Schüssel verrühren. Butter oder Margarine in Stücke schneiden und ebenfalls in die Schüssel geben. Apfelmus und 50 ml Wasser hinzugeben und alles mit den Händen zu einem Teig verkneten.

■ Eine Springform einfetten. Den Teig in die Form geben, flach drücken und am Rand einige Zentimeter hochziehen. Den Backofen auf 180 °C Ober- und Unterhitze (160 °C Umluft) vorheizen.

■ Für den Belag die Äpfel waschen, entkernen und in Würfel schneiden. Mit dem Rohrohrzucker und dem Zimt vermengen. Die Äpfel dann gleichmäßig auf dem Teig verteilen und den Kuchen im vorgeheizten Backofen auf der mittleren Schiene 45 Minuten backen.

■ Inzwischen für den Mandelguss Sahne, Butter oder Margarine und Agavendicksaft in einem kleinen Topf bei mittlerer Temperatur erwärmen (nicht kochen). Wenn alles flüssig ist, Vanille, Zimt und Mandelblättchen hinzugeben und unterrühren.

■ Den Mandelguss nach 45 Minuten Backzeit gleichmäßig über die Äpfel verteilen und den Kuchen weitere 15 Minuten backen. Dann den Kuchen herausnehmen und in der Form auf einem Kuchengitter abkühlen lassen.

Wer mag, kann zusätzlich 50 g Rosinen oder 50 g gehackte Nüsse (z. B. Haselnüsse oder Mandeln) unter die Apfelstücke mischen.

Das Apfelmus für den Teig kann auch durch 100 g Butter oder Margarine ersetzt werden.

Zitronenmuffins

Für 12 Stück

330 g Kamut-Vollkornmehl
60 g Rohrohrzucker
1 TL Maisstärke
1 TL Backpulver
1 Prise Salz
100 g Butter oder vegane Margarine
1 unbehandelte Zitrone
Fett für die Förmchen

■ Den Backofen auf 175 °C Ober- und Unterhitze (155 °C Umluft) vorheizen. Das Mehl sieben und mit dem Zucker, der Maisstärke, dem Backpulver und Salz in einer Schüssel vermengen. Butter oder Margarine in Stücke schneiden und ebenfalls hinzugeben.

■ Die Zitrone waschen und abtrocknen, die Schale mit einer Reibe fein abreiben und anschließend den Saft der Zitrone auspressen. Beides zum Teig hinzugeben. 150 ml Wasser hinzufügen.

■ Alle Zutaten mit einem Rührgerät rühren, bis ein homogener Teig entstanden ist. 12 Muffinförmchen ausfetten und zur Hälfte mit dem Teig füllen.

■ Die Muffins 20 Minuten im vorgeheizten Ofen backen. Dann die Stäbchenprobe machen. Die fertigen Muffins aus dem Ofen nehmen und auf einem Kuchengitter in den Förmchen abkühlen lassen.

Kamut ist eine alte Weizensorte (siehe auch Seite 28 und 146), die wegen ihrer guten Klebereigenschaften besonders gut zum Brotbacken geeignet ist. Aber auch in anderen Teigen – wie hier im Rührteig – kann Kamut eingesetzt werden und Weizen- oder Dinkelmehl ersetzen.

Proteinriegel mit Quinoa und **Aprikosen**

Für 5 große oder 10 kleine Riegel

50 g rote Quinoa
50 g getrocknete Datteln (ohne Kerne gewogen)
50 g ungesalzene Cashewkerne
90 g getrocknete Aprikosen
90 g Rosinen
1 EL Cashewmus

■ Die Quinoa in ein Sieb geben und unter fließendem, kaltem Wasser abspülen, bis das Wasser klar bleibt. Quinoa dann 10 Minuten in Wasser kochen. Anschließend in ein Sieb abgießen und gut abtropfen lassen.

■ Alle Zutaten in einen leistungsstarken Mixer oder eine Küchenmaschine mit Messereinsatz geben und einige Sekunden mixen. Wer diese Geräte nicht hat, sondern beispielsweise einen Pürierstab, weicht die Nüsse einige Stunden vor dem Zerkleinern in Wasser ein.

■ Die Masse in einer kleinen Auflaufform (etwa 18 x 11 cm) geben und flach streichen oder auf Backpapier auf einer rechteckigen Fläche entsprechender Größe verstreichen. Mindestens 1 Stunde in den Kühlschrank stellen und anschließend in 5 große oder 10 kleine Riegel schneiden. Die Riegel halten sich etwa 3 Tage im Kühlschrank.

Diese natürlichen, veganen Riegel sorgen für eine extra Portion Eiweiß. Mit einem Eiweißgehalt von 14 % übertrifft das Pseudogetreide Quinoa alle anderen Getreidesorten. Insbesondere für Sportler sind die Riegel geeignet, aber auch für unterwegs sind sie ideal.

Apfel-Kirsch-**Crumble** mit Hafer**flocken**

Für 2 Portionen

2 kleine Äpfel
200 g Kirschen
1 EL Zitronensaft
40 g Butter oder vegane Margarine
4 EL Vollkorn-Haferflocken
4 EL Dinkel-Vollkornmehl
1 EL Agavendicksaft
1 Prise Zimtpulver
Fett für die Form

■ Den Backofen auf 180 °C Ober- und Unterhitze (160 °C Umluft) vorheizen. Die Äpfel waschen, vierteln, entkernen und dann in mundgerechte Stücke schneiden.

■ Die Kirschen waschen, halbieren und entsteinen. Mit dem Zitronensaft in einer Schüssel vermischen. Die Butter oder Margarine in kleine Stücke schneiden. Die Haferflocken, das Mehl, den Agavendicksaft und den Zimt mit dem Knethaken eines Handrührers zu Streuseln kneten.

■ Eine Auflaufform einfetten, Äpfel und Kirschen hineingeben und die Streusel darauf verteilen. Im vorgeheizten Ofen 20 Minuten backen.

Wenn Sie einen Crumble backen wollen, können Sie dazu fast jede Obstsorte verwenden. Ich greife zu Früchten der Saison: im Sommer beispielsweise zu Beeren, im Herbst zu Pflaumen, Äpfeln und Birnen.

Rezepte

Danksagung

Bedanken möchte ich mich bei meinen Eltern, die mir nicht nur einen gesunden Lebensstil vorgelebt haben, sondern auch immer hinter mir stehen und mich bedingungslos unterstützen. Mein Dank gilt weiterhin meiner Schwester, die mir vom Einkauf bis zum Abwasch unter die Arme gegriffen und stundenlang Rezepte mit mir getestet hat. Danken möchte ich zudem meinem Mann. Nicht nur dafür, dass er immer an mich glaubt, mich unterstützt und immer hinter mir steht, sondern auch dafür, dass er sich allabendlich als Testesser zur Verfügung stellt. Auch dem kompletten Team des Dort-Hagenhausen-Verlags und allen, die an der Entstehung dieses Buches mitgewirkt haben, möchte ich auf diesem Wege danken.

Bildnachweis

Fotolia
S. 4, 5

Hannah Frey
S. 25, 41, 43, 46, 47, 49, 51, 54, 55, 57, 59, 61, 63, 65, 66, 67, 70, 71, 75, 76, 77, 79, 81, 82, 83, 85, 89, 93, 97, 99, 101, 105, 106, 109, 111, 113, 115, 117, 119, 120, 121, 124, 125, 127, 128, 130, 133, 134, 135, 137, 139, 143, 145, 148, 149, 151, 152, 153, 155, 156, 159, 161, 163, 164

Frank Nikisch
S. 7

Stockfood
S. 2, 3, 8, 13, 19, 23, 27, 29, 31, 33, 35, 38, 44, 52, 68, 72, 86, 90, 102, 122, 140, 146

ISBN 978-3-86362-036-3

Projektleitung: Isabel Weiler und Lars Pietzschmann
Lektorat: Claudia Boss-Teichmann
Layout und Gestaltung: Christine Paxmann text • konzept • grafik, München

Alle Rezepte dieses Buches wurden mit Sorgfalt zusammengestellt und überprüft.
Eine Garantie kann jedoch nicht übernommen werden.

Printed in Italy 2015

Verlagswebsite: www.d-hverlag.de

FSC
www.fsc.org
MIX
Papier aus verantwortungsvollen Quellen
FSC® C084761